W0095819

S P H I N X

Das Buch

Die Deutung der Aura ist ein von jedermann begehbarer Weg, die körperlichen und geistigen Möglichkeiten zu entwickeln und voll zu leben. Sie enthüllt uns das wahre menschliche Wesen. Mit einiger Übung kann die Aura wahrgenommen werden. Dazu werden in dem Buch einfache und wirkungsvolle Methoden geschildert, die zu einer Entwicklung des Aura-Sehens führen. Mit dieser Fähigkeit kann der angehende Okkultist parapsychische Energie überprüfen und stärken, sich gegen parapsychischen Vampirismus schützen und Krankheiten des physischen Körpers erkennen und heilen lernen.

Der Autor

Der vor einigen Jahren verstorbene Walter E. Butler, ein Freund der Theosophin Annie Besant und der weltbekannten Wahrsagerin Dion Fortune, in deren okkulter Gruppe er ausgebildet wurde, ist ein vielgelesener Autor. Tausende von angehenden Okkultisten haben von seinen Büchern und seinem über 60jährigen Studium der Parakräfte und ihrer magischen Anwendung profitiert. Er ist der Gründer der *Servants of the Light,* S.O.L., der heute größten Schule für Okkultisten.

Walter E. Butler

Die Aura
Sehen und Deuten

SPHINX

Aus dem Englischen
von Jürgen Saupe

CIP-Titelaufnahme der Deutschen Bibliothek
Butler, Walter E.: Die Aura / Walter E. Butler. –
Basel: Sphinx, 1988 (Sphinx pocket; 53)
Einheitssacht.: The Aura «dt.»
ISBN 3-85914-353-0
NE: GT

1988
© Sphinx Medien Verlag, Basel
Alle deutschen Rechte vorbehalten
Originaltitel: The Aura
Erschienen bei The Aquarian Press
Wellingborough, England
© 1979 Walter E. Butler
Umschlagbild: Graham Lester
Gestaltung: Charles Huguenin
Satz: Atelier Alinea, Basel
Herstellung: Clausen & Bosse, Leck
Printed in Germany
ISBN 3-85914-353-0
Bestellnummer 1500353

Inhalt

Was ist die Aura?

Wie gewohnt möchte ich zunächst definieren, was die Aura ist. Wer meine anderen Bücher gelesen hat, weiß, daß ich das Thema gewöhnlich nach dem Lexikon definiere, um so eine gemeinsame Grundlage für meine Leser und mich zu schaffen.

Mein Lexikon definiert also die Aura als «feinstoffliche, unsichtbare Essenz, ein Fluidum, das angeblich von menschlichen und tierischen Körpern, ja sogar von Dingen ausströmen soll, eine parapsychische elektrisch-vitale, elektrisch-mentale Ausstrahlung, die sowohl geistig wie körperlich ist, daher die Gesamtheit der Wirkungen, die von einem Menschen ausgeht, sein Charakter, seine Persönlichkeit. Im medizinischen Sinn die Symptome, die einem epileptischen oder hysterischen Anfall vorausgehen.»

Den zweiten Teil dieser Definition können wir, glaube ich, übergehen, obwohl wahrscheinlich viele Menschen der Ansicht sind, daß jemand, der behauptet, die Aura sehen zu können, selbst an Hysterie oder etwas Schlimmerem leidet. Im Verlauf dieser Betrachtung der Aura werden Sie allerdings beruhigt feststellen können, daß unser Thema nichts mit Überspanntheit zu tun hat.

Die leuchtende Sphäre

Die Aura wird gewöhnlich als leuchtende Sphäre wahrgenommen, die alles Lebendige umgibt, auch das, was früher als unbelebte Materie angesehen wurde. Die Erkenntnisse der Wissenschaften zeigen immer deutlicher, daß selbst in der sogenannten «toten» Materie lebendige Kräfte wirken; so bestätigt sich von neuem, was ein alter persischer Dichter über das Leben schrieb: es schläft im Stein, träumt in der Pflanze, erwacht im Tier und wird sich im Menschen seiner selbst bewußt.

Auf vielen Glasfenstern sehen wir Christus mit seinen Aposteln dargestellt, und ihre Aura wird als Strahlenkranz, als goldenes Licht abgebildet. Oft erblicken wir nur den Nimbus oder Heiligenschein, der das Haupt der Figur umgibt, manchmal aber auch die ganze Gestalt einhüllen kann.

Dasselbe bildliche Motiv finden wir auch in einigen sehr frühen buddhistischen Bildern. Das mag freilich auf den Einfluß der frühen nestorianischen Christen und ihrer Kirche zurückzuführen sein, deren Missionare den ganzen Osten bereisten. Andererseits stellen wir fest, daß auch in der frühen indischen und persischen Kunst das spirituelle Wesen eines Menschen auf die gleiche Art sichtbar gemacht wurde. Die einfachste Erklärung wäre, daß die Künstler, die das Motiv des Heiligenscheins entwickelten, um so auf die geistigen Eigenschaften gewisser Menschen hinzuweisen, selbst fähig waren, das sonderbare Phänomen wahrzunehmen, das *Aura* genannt wird.

Falsche Auren

Durch die Jahrhunderte gibt es viele Berichte von Menschen, die bestimmte Personen von einer Art leuchtender

Sphäre umgeben sahen. In weniger kritischen Zeitaltern wurde diese Aura aus Licht für ein Zeichen spiritueller Vervollkommnung angesehen. In neuerer Zeit wurde sie jedoch gewöhnlich als Einbildung oder Phantasieprodukt, als Anzeichen geistiger Labilität oder als Symptom einer Erkrankung der Augen aufgefaßt. Die letztere Ansicht, daß solche Lichterscheinungen um einen Menschen auf Augenkrankheiten beruhen, hat eine gewisse Berechtigung, und in diesem Zusammenhang gibt es eine gemeinsame Ursache, die zu Sinnestäuschungen führen kann.

Es geschieht häufig, daß Zuhörer, die einem Vortrag intensiv folgen, hinterher erzählen, sie hätten die Aura des Sprechers recht gut wahrnehmen können. In einigen Fällen mag das sogar wirklich stimmen. Oft kann das jedoch rein körperlich erklärt werden und hat nichts mit der lichtvollen Ausstrahlung zu tun, die wir Aura nennen.

Die Erklärung ist verhältnismäßig einfach. Wenn wir uns zum Beispiel einen Vortrag anhören und dabei den Blick aufmerksam auf den Sprecher gerichtet halten, ermüden nach einiger Zeit die Muskeln, die die Augen einstellen. Plötzlich ändert sich der Brennpunkt des Auges ein wenig. Wenn das geschieht, verschiebt sich das Bild leicht, das die Netzhaut empfängt, und fällt nicht mehr genau auf die ursprüngliche Stelle. Die Folge ist, daß das alte Bild, das Nachbild, das neue zu umgeben scheint. Dieses Nachbild wird die Person in ihren *Komplementärfarben* zeigen, was gewöhnlich den Eindruck hervorruft, als sei sie von einem weißen oder gelben Lichtstreifen umgeben. Das ist ein rein körperliches Phänomen. Die meisten, die es bewußt wahrgenommen haben, gehen aber davon aus, sie hätten die Aura gesehen.

Wenn wir versuchen, die außersinnliche Wahrnehmung

zu entwickeln und zu schulen, müssen wir von Anfang an darauf achten, mit äußerster Ehrlichkeit vorzugehen. Es geschieht leicht, daß wir nachlässig und unredlich werden, ungenaue und oberflächliche Beschreibungen geben, die entweder unbewußt oder mit Bedacht so formuliert sind, daß sie sich die unkritische Haltung derer zunutze machen, denen wir die Phänomene beschreiben. Oder wir legen ganz schlicht gesagt die Leute herein, indem wir ihnen erzählen, was sie unserer Meinung nach von uns hören wollen. Die Unvorsichtigen tappen schnell in diese Falle, die am besten dadurch vermieden wird, daß wir uns um größtmögliche Ehrlichkeit bemühen.

Die große Aufrichtigkeit uns selbst gegenüber lohnt sich, da sie uns in die Lage versetzt, unserem Auge zu trauen, wenn wir begonnen haben, unseren Blick zu schulen, und dieses Vertrauen ist von großem Wert.

Das Kraftfeld

Wenn wir die Definition des Lexikons gelten lassen, so verweist sie uns auf eine «parapsychische elektrisch-vitale und elektrisch-mentale Ausstrahlung». Wir wollen sehen, was das bedeutet. Inzwischen gibt es keine Zweifel mehr, daß die Tätigkeiten unseres physischen Körpers von elektrischen Strömen begleitet sind, die durch die Organe kreisen und eindeutig ein elektrisches Feld um uns herum aufbauen. Russische Wissenschaftler haben ein Gerät vervollkommnet, mit dem sich dieses sehr schwache Kraftfeld erfassen läßt, das alle Lebewesen umgibt. Sie behaupten, diese Felder lassen sich noch in einer Entfernung von etwa fünfundzwanzig Zentimetern bei einigen Insekten nachweisen.

Dieses Kraftfeld hat, nebenbei bemerkt, nichts mit der

elektrischen Ladung zu tun, die bei einigen jungen Frauen auftritt, wenn sie Nylonkleider tragen oder Bettücher aus Nylon verwenden. Die Ladung an statischer Elektrizität, die durch Reibung an diesen Stoffen zustande kommt, kann uns einen recht spürbaren Schlag versetzen. In leichterer Form kann sie sichtbar werden, wenn im Dunkeln bei trockener Luft Kleidung aus Kunstfasern ausgezogen wird. Die statische Elektrizität entlädt sich dann in einem knisternden Regen kleiner Funken. Sie unterscheidet sich allerdings beträchtlich von der *biologischen Elektrizität,* die mit allen Tätigkeiten unseres Körpers verbunden ist. Wir haben also in und um uns ein elektrisches Kraftfeld, das wir in der Reihe der verschiedenen Kraftfelder, aus denen sich die Ausstrahlung zusammensetzt, die wir Aura nennen, als das erste und dichteste ansehen können.

Wir können auch mit einem Begriff arbeiten, den Physiker und Naturforscher zwar ablehnen, der aber schon in Gebrauch ist, nämlich *ätherische Aura.* Es gibt freilich eine noch dichtere Aura, die aus den winzigen, festen Teilchen besteht, die unser Körper selbst ständig abwirft. Diese winzigen Teilchen lassen wir auf allem zurück, was wir berühren, und sie bilden die «Witterung» oder Fährte, die Hunde oder andere Tiere in die Lage versetzt, uns zu verfolgen. Das ganze Thema ist uns in letzter Zeit durch Anzeigen ins Bewußtsein gerückt worden, die zurückhaltend von «Körpergeruch» sprechen.

Wir wollen damit nur auf den körperlichen Aspekt der Aura hinweisen, da diesen Teilchen auch etwas von der feinstofflichen Substanz anhaftet, die ständig von einem viel zarteren «Körper» als dem aus Fleisch und Blut abgeworfen wird, den so viele von uns als den einzigen ansehen, den wir besitzen.

Der wahre physische Körper

Alle, die sich mit diesem Gebiet befaßt haben, sind aufgrund direkter Erfahrung überzeugt, daß wir über einen feineren Körper verfügen, der zwar immer noch physischer Natur ist, aber eben doch viel ätherischer und zarter. Gewisse geistige Richtungen nennen diese feinere physische Substanz «vorstofflich», und in alten okkulten Schriften wird sie als «astrale» Substanz bezeichnet. Im modernen Okkultismus ist die Bezeichnung auf eine andere Art von Substanz übertragen worden, was viele verwirrt, die in den alten Büchern lesen und sie falsch verstehen, weil sie von den modernen Begriffen ausgehen.

Der Ätherleib ist der eigentliche, *wahre* physische Körper (er besteht von der Geburt bis zum Tod), während die grobstoffliche Materie, die wir gewöhnlich für unseren Körper ansehen, sich ständig verändert. Es heißt, daß jedes Molekül unseres Körpers im Verlauf von drei Jahren durch ein neues ersetzt wird, daß also kraft der Vorgänge des Stoffwechsels ständig Materie unseren Körper verläßt und die abgebauten Teilchen durch neue ersetzt werden.

Abbauender und aufbauender Stoffwechsel

Unser Stoffwechsel arbeitet auf zwei entgegengesetzte Weisen. Im Katabolismus zersetzen die abbauenden Kräfte die komplexen chemischen Verbindungen unseres Körpers in einfachere Bestandteile, die ausgeschieden werden. Im Anabolismus werden durch die aufbauenden Kräfte aus der Nahrung die komplexen Verbindungen hergestellt, die an die Stelle der abgebauten und ausgeschiedenen treten.

In uns findet so ständig ein Kreislauf von Abbau und Aufbau statt. Wechselnde Geschwindigkeit und Intensität der Stoffwechselvorgänge führt zu unterschiedlichen körperlichen Zuständen, und eine der Hauptlehren des Okkultismus besagt, daß die Prozesse des Stoffwechsels von dem «Körper» aus feinerer, vorstofflicher Materie eingeleitet und kontrolliert werden, den wir den «Ätherleib» nennen.

Dieser feinstoffliche Körper ist verschieden benannt worden. Im alten Ägypten hieß er *Ka,* im europäischen Mittelalter *Doppelgänger.* In Indien wurde er *Linga Scharira* genannt, im französischen Spiritismus *Perisprit,* und in vielen alten Schriften *Astralleib* oder *Double.* Einige Schulen der Rosenkreuzer nennen ihn Vitalkörper, und das bringt uns auf die besondere Bedeutung, die er für unsere Untersuchung der Aura hat.

Die ätherische Aura

Die Okkultisten sind der Ansicht, daß der Ätherleib nicht nur die Tätigkeit des Körpers regelt, die Materie aufnimmt und abgibt, sondern auch Lebensenergie oder *Prana* aus der Sonne an sich zieht, dazu noch andere Energieformen aus der Erde, die für das lebendige Gleichgewicht der Körperzellen sorgen. Diese Energien kreisen durch den gesamten Ätherleib und seine grobstoffliche Entsprechung. Wenn sie die Bedürfnisse des Organismus befriedigt haben, werden sie vom Ätherleib als eine Art Schleier ausgestrahlt, der den ganzen Körper umgibt und einige Zentimeter über ihn hinausreicht.

Dieser Schleier, der gewöhnlich als erster Bestandteil der Aura gesehen wird, heißt *ätherische Aura.* Da der Ätherleib so eng mit den Lebensprozessen des Körpers verknüpft ist, läßt sich aufgrund der Beschaffenheit der ätherischen Aura gewöhnlich gut erkennen, wie es um die Gesundheit des betreffenden Menschen steht. Diese Art

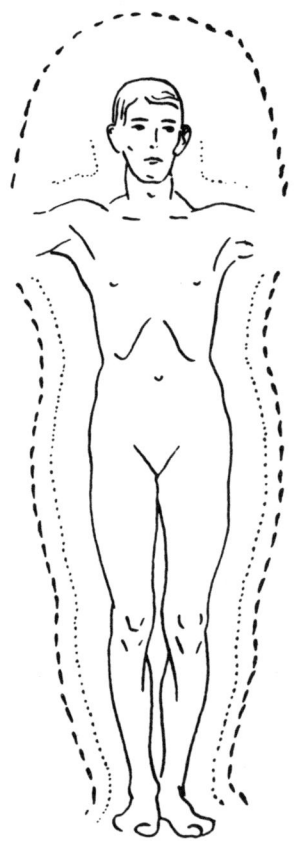

Männliche Aura

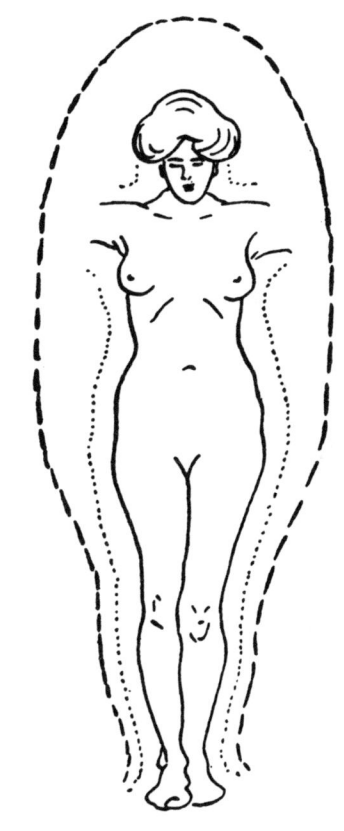

Weibliche Aura

der Diagnose mit Hilfe der Aura ist in okkulten Kreisen weit verbreitet.

Ich sagte schon, daß wir mehr als nur einen «Körper» haben, und zunächst sind wir auf den Ätherleib eingegangen. Jetzt wenden wir uns den anderen Körpern zu, und hier kann uns der Begriff «Körper» in die Irre führen. Gewöhnlich denken wir bei Körper an den aus Fleisch und Blut, der uns vertraut ist. Die feineren Körper lassen sich eher als «Fahrzeuge» oder «Träger», auch als «Hüllen» bezeichnen. In Indien heißen sie *Koschas,* was Hüllen bedeutet.

Gewisse okkulte Schulen verweisen auf den «Emotionalkörper» und den «Mentalkörper», und wenn das auch von einem Standpunkt aus gesehen richtig ist, so können wir doch mit einiger Sicherheit sagen, daß unser Denken eigentlich immer von Emotionen begleitet ist, und daß Gefühlsreaktionen selten ohne eine Mitwirkung des Denkens auftreten.

Die beiden Aspekte des Bewußtseins, Fühlen und Denken, sind eng miteinander verknüpft, und die Energien der inneren Welten durchströmen die «Körper», die uns in die Lage versetzen, mit diesen Welten Verbindung aufzunehmen. Diese Energien strahlen ebenfalls in die Umgebung des physischen Körpers aus, aber viel weiter als die Lebensenergien des ätherischen Doubles. Die Ausdehnung dieser Lebensenergien beträgt gewöhnlich einige Zentimeter, während die Verbindung aus emotionaler und mentaler Strahlung beim Durchschnittsmenschen eine Ausdehnung bis zu einem Meter und mehr haben kann, ja bei höher entwickelten Menschen sogar darüber hinausreicht.

Die spirituelle Aura

Schließlich kommen wir zur geistigen oder spirituellen Aura, und hier beträgt die Ausdehnung über den Körper hinaus bei unentwickelten Menschen etwa einen Meter oder ein wenig mehr, bei hochentwickelten einige Meter oder sogar Kilometer. Im Osten wird erzählt, daß die spirituelle Aura des Buddha zweihundert Meilen weit reichte, und dort heißt es auch, daß sich unser gesamter Planet in der Aura eines sehr großen Wesens befindet. Das deckt sich mit der christlichen Lehre, obwohl hier üblicherweise die Gegenwart der Gottheit gemeint ist: «In Ihm leben wir und bewegen wir uns und haben unser Sein», wie Paulus spricht.

Aus dem Gesagten geht deutlich hervor, daß es nicht nur eine Aura gibt, sondern mehrere Auren, die alle ihre charakteristischen Eigentümlichkeiten haben und in ihrem Zusammenwirken eine Sphäre um uns herum bilden. Sie sind Teil des inneren Energieflusses, der alle Teile unseres Wesens durchströmt. Klar geworden ist sicher auch, daß jede Ebene dieser Aura nur durch die ihr entsprechende Wahrnehmungsweise zu erkennen ist.

Die Emanationen

Die Leser, die mit der Vorstellung emotionaler und mentaler «Körper» nicht viel anfangen können, brauchen sich praktisch nicht um sie zu kümmern, da die beiden Aspekte des Bewußtseins im Durchschnittsmenschen wie schon gesagt fast immer gemeinsam auftreten. Dennoch bestätigen viele Hellseher, daß diese Körper oder Träger des Bewußtseins wirklich vorhanden sind. Wir können sie jedoch ausklammern und unsere Aufmerksamkeit den Emanationen oder Ausstrahlungen zuwenden, die über den Bereich des physischen Körpers hinausgehen. Dieses Ausströmen geht darauf zurück, daß wir eigentlich immer die Eindrücke aufnehmen und festhalten, die das Bewußtsein aufgrund der Sinnestätigkeit empfängt, die körperlicher wie auch übersinnlicher Natur sein kann.

Selbst in Zuständen, die wir als *unbewußt* ansehen, in der Trance zum Beispiel, im Schlaf oder pathologischen Zuständen, die auf Krankheit, Unfall oder Einnahme von Drogen und so weiter zurückzuführen sind, ist die Aura immer noch aktiv an den Reaktionen beteiligt, die von den Eindrücken hervorgerufen werden, die wir aus unserem Unbewußtem empfangen. Und der Teil der Aura, den wir die *ätherische Aura* nannten, zeigt immer noch die Schwankungen der Lebensenergien des Körpers an.

Wichtig ist, daß die Aura ebenfalls stets die emotionale und geistige Beschaffenheit unseres Bewußtseins anzeigt. Diese Gesamtbeschaffenheit ist verhältnismäßig konstant, was auf die Reihe von emotionalen und geistigen Gewohnheiten zurückzuführen ist, an die sich unser Bewußtsein lange gehalten hat.

Das führt dazu, daß die Aura eine gewisse Grundfärbung annimmt, die sich vergleichsweise langsam verändert. Diese Farbe zeigt den Hellsehern deutlich den emotionalen, geistigen wie spirituellen Charakter der betreffenden Menschen an. Darauf werde ich tiefer eingehen, wenn ich zur Deutung der verschiedenen Erscheinungen komme, die sich den Sehern aufgrund der emotionalen und geistigen Tätigkeiten und ihrem Einfluß auf die Aura zeigen.

Im nächsten Kapitel will ich über die Struktur der Aura sprechen, weil dadurch ihre Beschaffenheit deutlicher wird und sich verstehen läßt, warum sie so wichtig für unser alltägliches Leben ist.

Die Struktur der Aura

Wir dürfen nicht vergessen, daß die Aura zwei klar umrissene Aspekte zeigt. Es gibt zunächst das, was wir die «Form» oder «Gestalt» der Aura nennen könnten, den eiförmigen Bereich farbiger Ausstrahlungen, die den physischen Körper umgeben und durchdringen, und dann die ihm zugrundeliegenden Energieströme, die ihm die Gestalt verleihen und sie aufrechterhalten. Diese Ströme können wir als ein «magnetisches» oder «psychisches» Kraftfeld ansehen, das von den feineren Substanzen der inneren Ebenen der Manifestation ständig durchflossen wird.

Das «Silberne Band»

Im letzten Kapitel habe ich auf die ätherischen, emotionalen und mental-geistigen Emanationen hingewiesen, aus denen sich die Gesamtheit der Aura zusammensetzt; sie sind der Grund, daß die Aura zwei deutlich zu unterscheidende, wesentliche Bestandteile zeigt. Der Ätherleib ist so eng mit dem physischen Körper verknüpft, daß wir ihn praktisch als den *wahren* physischen Körper betrachten können, der dem groben, äußeren Leib die Gestalt gibt. Da er Einfluß auf die Form hat, die wir für unseren Körper halten, könnten wir das ätherische Double auch als den «inneren physischen Körper» bezeichnen, und den aus Fleisch und Blut als den «äußeren physischen Körper». Die beiden sind durch etwas verbunden, was gewöhnlich das «silberne Band» genannt wird, eine Anspielung auf den Vers der Bibel, in dem es heißt «bevor das silberne Band gelöst wird», was Teil einer sehr poetischen Beschreibung des Alterns und des Todes ist.

Die Menschen, die ihre Hellsicht entwickelt haben, behaupten, sie seien fähig, bei Sterbenden dieses silberne Band zu sehen. Wenn der Tod kommt, sehen sie kurz, wie eine silbrige, zweite Gestalt den sterbenden Körper verläßt, bis sie sich ganz von ihm gelöst hat, wobei sie dann nur noch durch ein Band oder einen Strich aus silbernem Licht mit ihm verbunden ist. Solange das Band unversehrt ist, besteht immer noch die Möglichkeit, daß das Bewußtsein in den materiellen Körper zurückkehrt. Ist es jedoch unterbrochen, so ist die Trennung vollzogen, und eine Rückkehr ist unmöglich. Der Mensch ist *tot*.

Das ätherische Double

Andererseits ist der dichtere Teil des Ätherleibs noch mit dem toten Körper verbunden, da jede einzelne Zelle des Körpers ihr unabhängiges ätherisches Leben hat und rein vegetativ weiterleben wird, bis sich die Gegebenheiten so verändert haben, daß sie überhaupt nicht mehr arbeiten kann. Was die Funktionen des ätherischen Doubles betrifft, so haben wir noch viel zu lernen. Eine Forschung, die sich in dieser Richtung weiterbemüht, kann von großer Hilfe für die Menschheit sein, da heute ja viele Organe verpflanzt werden und russische Wissenschaftler sogar an die schauerliche Möglichkeit denken, hochgradig Schwachsinnige am Leben zu erhalten und als Wirtskörper für

Transplantate zu benutzen, bis die jeweiligen Organe gebraucht werden.

Das ganze Phänomen der «Abstoßung», die Reaktionen, mit denen der Körper ein fremdes Organ abstößt, könnte sich als vielschichtiger erweisen, als bislang angenommen wird. Vielleicht sind dabei noch andere als nur biochemische Faktoren beteiligt.

Eigentlich könnte die gesamte medizinische Forschung einen Schritt nach vorne tun, wenn man vom ätherischen Double Notiz nehmen und seine Funktionen untersuchen würde. Dabei wäre dann vielleicht die Möglichkeit gegeben, ohne jene Forschung auszukommen, die sich auf Vivisektion stützt und die oft zu falschen Ergebnissen führt, wie uns einige tragische Skandale der Arzneimittelindustrie gezeigt haben. Nicht mehr auf fragwürdige Experimente angewiesen zu sein, wäre auch eine moralische Erleichterung für die Mediziner, die der Ansicht sind, daß sie diese Art von Forschung zum Besten ihrer Patienten einsetzen müssen, aber eben doch spüren, daß solche Methoden moralisch nicht gutgeheißen werden können.

Wir können uns allerdings kaum vorstellen, daß die Mehrheit der Mediziner heute in der Lage wäre, die Schau des Ätherleibs als Instrument der biologischen Forschung gelten zu lassen. Wenn sich freilich erweist, daß die Ergebnisse der «ätherischen Forschung» zufriedenstellend sind und sich auch leichter als bisher anwenden lassen, wären diese Ärzte gezwungen, sich ihren einsichtigeren Kollegen anzuschließen.

Das ist natürlich eine Langzeitperspektive, aber heutzutage ändert sich alles so rasch, daß es unklug wäre, irgendwie festlegen zu wollen, was in der nahen Zukunft geschehen oder nicht geschehen kann.

Die ätherische Aura zeigt Krankheiten an

Was wir die «ätherische Aura» nennen, ist die gesamte Ausstrahlung, das Kraftfeld des Ätherleibs. Sie zeigt an, in welchem Zustand sich dieser Körper befindet. Da der ätherische Körper den physischen direkt steuert und auf ihn einwirkt, tritt häufig der Fall ein, daß sich in der ätherischen Aura eine Krankheit schon abzeichnet, noch bevor sie im physischen Körper offensichtlich wird. Die ersten Schritte zu einer wirklichen Heilung werden im Ätherleib eingeleitet. Wenn die Anzeichen einer Krankheit in der ätherischen Aura sichtbar werden, kann die Störung auf dieser Ebene behandelt werden, und ein Großteil der parapsychischen Geistheilungen ereignet sich in dieser Sphäre des Menschen. Die ätherische Aura zeigt präzis Erkrankungen an, die entweder im Ätherleib im Zustand der Latenz sind oder schon begonnen haben, auf der physischen Ebene manifest zu werden. Sie wird daher häufig auch die *Aura der Gesundheit* genannt.

Die doppelte ätherische Aura

Beobachtungen an dieser Aura der Gesundheit haben einige sehr interessante Tatsachen ans Licht gebracht. Im allgemeinen sieht sie wie eine «Umrandung» von haarfeinen Ausstrahlungen aus, die den Körper etwa wie ein Oval umgeben. Wenn dieser eiförmige Umriß irgendwie verbeult ist oder von der Form abweicht, wie sie gesunde Menschen zeigen, so kann auf einen schlechten Gesundheitszustand geschlossen werden. Ich habe von der ovalen Form der Aura gesprochen, als ob es sich dabei um etwas Einfaches handeln würde, aber genaue Untersuchungen haben gezeigt, daß sie komplexer Natur ist, wenn sie zunächst auch einfach scheint, und einige Züge ihres komplexen Aufbaus sind höchst interessant. Die ätherische Aura des Menschen setzt sich eigentlich aus zwei Schichten zusammen, aus einer «äußeren» und einer «inneren».

Es gibt eine innere Aura, die sich dem allgemeinen Körperumriß anschmiegt und etwa sieben bis zehn Zentimeter (der Wert schwankt ein wenig) über die Oberfläche des Körpers hinausreicht. Dann gibt es eine äußere Aura, die sich ungefähr dreißig Zentimeter über den Körper hinaus ausdehnt; dieser Wert ist jedoch um einiges variabler als der der inneren Aura. Das ist noch nicht die Gesamtheit der Aura, die noch feiner wird und dadurch schwerer wahrzunehmen ist, wobei dieser Bereich sich weit über die Grenzfläche des äußeren Teils der Aura hinaus fortsetzen kann. Er hat anscheinend überhaupt keine festumrissene Grenze und ist möglicherweise die Folge der Tätigkeit der eigentlichen, ausgeformten Aura, die eine Wirkung auf die uns umgebende ätherische Atmosphäre hat, vergleichbar mit der elektrischen Induktion.

Lichtstrahlen

Ein interessantes Phänomen der ätherischen Aura sind die Lichtstrahlen, die gelegentlich in ihr auftreten. Sie scheinen vom physischen Körper auszugehen und in den umgebenden Raum auszustrahlen. In einigen Fällen zeigte sich, daß solche Strahlen zu einem Menschen oder Gegenstand in der Nähe hinliefen, und dann stellte sich heraus, daß diejenigen, deren Aura beobachtet wurde, tatsächlich stark an den Menschen oder Gegenstand gedacht hatten, zu dem der Strahl aus der Aura hingelaufen war. Hier begegnen wir vielleicht einer Form, in der Gedanken und Gefühle telepathisch übertragen werden. Die Frage, welche Rolle die Aura bei der Telepathie spielt, werde ich an späterer Stelle behandeln. – Wir wollen uns nun einen anderen interessanten Aspekt der Aura ansehen, nämlich das, was üblicherweise der «dunkle Raum» genannt wird. Diese Schicht ist etwa zwei bis sechs Millimeter stark und folgt exakt dem Umriß des Körpers. Jede Aura scheint von diesem dunklen Raum auszugehen, der meiner Ansicht nach die eigentliche Oberfläche des Ätherleibs selbst sein könnte. Er kann selbstverständlich auch ein weiterer Teil der Aura sein, aber in der Forschung hat sich noch nicht gezeigt, welche Rolle er genau spielt.

Schließlich gibt es, wie schon gesagt, noch eine Aura, die auf die biologischen Vorgänge im Körper und in der Haut zurückgeht. Diese führen zur Entstehung eines schwachen elektromagnetischen Felds, das den physischen Körper umgibt und mit hochempfindlichen Instrumenten gemessen werden kann. Es scheint stärker zu werden, wenn helles Licht auf die Körperoberfläche fällt, und die verschiedenen Wellenlängen des Lichts wie Ultraviolett, Infrarot und die Grundfarben wirken unterschiedlich auf das Feld.

Die ätherische Haut

Das wäre zunächst die allgemeine Beschreibung der Aura, wie sie von guten Hellsehern oder mit Hilfe des *Kilnerschirms* wahrgenommen wird. Die inneren wie die äußeren Auras weisen eine Art Oberfläche, eine Haut auf, und diese ätherischen Häute sind wichtig für die jeweilige Gesundheit der einzelnen Aura. Wenn wir sie aus der Nähe betrachten, sehen wir, daß sie aus unzähligen ätherischen Kraftlinien bestehen, die den Anschein erwecken, als wären die Enden der haarfeinen Fibern oder Linien, aus denen sich die Aura zusammensetzt, miteinander verflochten, damit eine schützende Hülle für die gesamte Aura entsteht.

Undichte Stellen der Aura

Bei Menschen mit guter Gesundheit zeigt die ätherische Haut normalerweise eine glatte, ungestörte Oberfläche, aber das wäre eher der Idealzustand, der in der Wirklichkeit selten ist. Bei den meisten Menschen finden wir so etwas wie «Wunden» oder «Risse» in ihr, die anscheinend auch der Grund dafür sind, daß es eine Art «ätherisches Auslaufen» gibt. Diese offenen Stellen in der Aura waren auch schon denen bekannt, die sich in der Vergangenheit mit der Aura befaßt haben, und hießen «kreisförmige Wunden». Gewisse Praktiken in Verbindung mit medialen Eigenschaften können manchmal zu solchen Wunden führen, und aus diesem Grund waren früher viele Okkultisten dagegen, mediale Eigenschaften einfach *wahllos* zu entwickeln. Viele Spiritisten sind heute derselben Ansicht.

Auf jeden Fall wurden diese kreisförmigen Wunden von den Okkultisten früherer Zeiten aus gutem Grund recht ernst genommen. Die schwerwiegendste Folge einer solchen «undichten Aura» besteht darin, daß die Lebenskraft rasch verloren geht, und die betreffenden, unglücklichen Menschen ziemlich entkräftigt durchs Leben gehen und kaum die Energie haben, irgendeine Arbeit anzupacken. Sie zeigen wenig Widerstandskraft gegen Krankheiten.

Wenn die ätherische Lebenskraft schwach ist, leidet der Stoffwechsel des Körpers, und dann ist die Bildung von Antikörpern oder Abwehrstoffen, die den Ausbruch einer Krankheit verhindern, beträchtlich herabgesetzt. So erliegen diese unglücklichen Menschen Krankheiten viel eher als ihre robusteren und daher gesünderen Mitmenschen.

Psychischer Vampirismus

Lebenskraft wird allerdings nicht bloß Menschen fehlen, deren Aura diese kreisförmigen Wunden aufweisen. Ihr Schwinden kann ein beträchtliches Maß erreichen, weil es Menschen gibt, die sich sozusagen wie Vampire verhalten. Eine ausreichende Lebenskraft können sie sich nur verschaffen, indem sie die Menschen in ihrer Umgebung anzapfen. In den meisten Fällen ist dieses vampirartige Verhalten rein unbewußt, und die psychischen «Vampire» wären entsetzt, wenn ihnen bewußt würde, was sie tun. Die meisten von uns haben irgendwann einmal Menschen getroffen, deren bloße Anwesenheit uns erschöpfte. Dabei sind sie oft aufrichtige und bemühte Sucher auf dem Weg zur Wahrheit.

Tatsache ist jedoch, daß alle, die eine engere Fühlung mit ihnen aufnehmen, nach einiger Zeit den Eindruck haben, ihnen sei die ganze Lebenskraft geraubt. (Umgekehrt hören wir die, welche die Lebenskraft der anderen an sich gezogen haben, oft sagen, wie sehr sie sich wirklich über den Besuch gefreut haben, daß sie sich sehr viel besser fühlen, wenn sie andere besucht haben!)

Dieser Erschöpfung entspricht gewissermaßen ein Ansaugen, da sich der ausgelaugte Vitalkörper wieder aufladen will. Die Aura und ihre Haut sind aber durch eine Wunde verletzt, und die neue Lebensenergie wird nicht auf die richtige, übliche Weise angezogen, sondern wird allem, was an ätherischer Kraft zufällig in der Nähe ist, abgezogen. Manchmal handelt es sich nicht um die geeignetsten Energiequellen, was dazu führt, daß sich der Körper mit verunreinigten oder unerwünschten Kräften auflädt, was die Menschen anfälliger für Krankheiten macht.

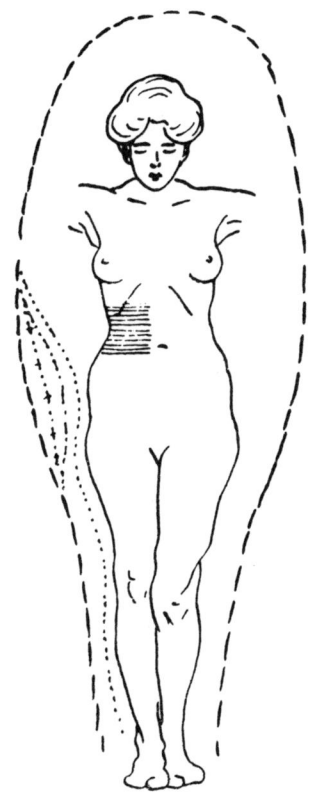

Abnormale Form der Aura, im Stadium gradueller Erholung.
Ein dunkler Flecken auf der rechten Seite.

Parasiten des ätherischen Bereichs

Wenn wir ungute Orte körperlich aufsuchen, kann es geschehen, daß wir uns alle möglichen Parasiten holen. Ebenso können wir für uns ungünstige parapsychische Lebensformen anziehen, die sich an unreinen, vernachlässigten Plätzen aufhalten. Sie werden dann zu Parasiten unserer ätherischen Aura, und wer auch nur ein wenig hellseherische Kraft hat, kann sie sehen.

Die ätherischen Parasiten scheinen einfache Lebensformen zu sein, die am richtigen Ort und unter normalen Bedingungen eine ganz bestimmte Rolle im ätherischen Bereich spielen. In diesem Bereich treffen wir auf viele Arten lebender Intelligenzen wie auch auf eine Menge «weggeworfenen» psychischen Materials, das schließlich von den Reinigungsprozessen erfaßt wird, die auf diesen Ebenen ständig ablaufen, und dem normalen ätherischen Kreislauf wieder eingefügt wird. Auch hier finden wir große Energieströme, die den ganzen Bereich durchziehen und subtil auf die physische Ebene einwirken.

Diese Ströme, die in Indien *Tattwas* genannt werden, scheinen eng mit der Sonnentätigkeit verknüpft zu sein und haben etwas mit der Elementarstruktur der physischen Materie zu tun, das heißt, mit deren Erscheinungsformen, die fest, flüssig, strahlend und gasförmig sein können (das entspricht der alten alchemistischen Vorstellung von den «vier Elementen» Erde, Wasser, Feuer und Luft).

Hier, im ätherischen Bereich, liegen die Schlüssel zur Medizin, zur Psychologie und Parapsychologie, und wer sich der anstrengenden Schulung unterzieht, die ätherische Bewußtheit zu entwickeln und zu ordnen, wird ein vielversprechendes Forschungsgebiet entdecken, auf dem bis jetzt nur wenig getan worden ist.

28

Psychedelische Drogen

Wir wenden uns jetzt wieder der Betrachtung der Grenzfläche der ätherischen Aura zu. Gewisse Formen einer parapsychischen und medialen Entwicklung führen, wenn sie unklug vorangetrieben werden, zu kreisförmigen Wunden, die ebenso entstehen, wenn dem Alkohol zu sehr zugesprochen wird. Die Wunden sind auch häufig der Grund für den geistigen und emotionalen Verfall der Drogenabhängigen. Das gilt vor allem in jenen Fällen, wo sogenannte «psychedelische» Drogen wie zum Beispiel LSD gewohnheitsmäßig eingenommen wurden.

Bei der Diskussion dieses Themas zeigt sich immer wieder, wie stark die Vorurteile sind. Man kann nicht einfach behaupten, Drogen würden zum geistigen Verfall führen. Wer aber parapsychisch bewußt werden will und dabei Drogen einsetzen möchte, dem kann nur geraten werden, es nicht zu tun. Das gilt vor allem für die psychedelischen Drogen. Es gibt bessere Methoden, das Bewußtsein zu erweitern, wenn sie auch eine längere Zeit in Anspruch nehmen.

In einer Epoche des Instantkaffees, der Instantmahlzeiten und so weiter, scheint es auch das Bedürfnis zu geben, «Instantfähigkeiten» auf parapsychologischem Gebiet zu erwerben. Es gibt einige seltene Fälle, wo Menschen mit besonderen psychischen Eigenschaften ihre parapsychischen Fähigkeiten so rasch entfalten, daß wir vom «Instantmedium» sprechen könnten, aber das ist nicht die Regel, und selbst dann brauchen die neuentwickelten Fähigkeiten eine lange, sorgsame Schulung, bis sie wirklich nützlich eingesetzt werden können.

Der Ätherleib empfängt ständig Energie aus zwei Quellen, auf die ich noch zu sprechen kommen werde, neigt aber dazu, die Energie anderer Menschen anzuzapfen, wenn seine Lebenskraft schwach ist und die Aura eine Wunde aufweist, aus der Energie entweicht.

Lebenskraft

Es gibt Menschen, die aus den richtigen Quellen so viel Lebensenergie an sich ziehen, daß eine Fülle übrigbleibt, wenn ihr Organismus seine Bedürfnisse gestillt hat. Dieser Überschuß «lädt» ihre Aura auf und läßt sie einen steten Strom von Lebensenergie auf alle Menschen in der Nähe abstrahlen. Solche Menschen sind oft in der Krankenpflege tätig, und ihre einfache Anwesenheit im Zimmer genügt schon, die Lebenskräfte der Patienten anzuregen. Viele Leute bemerken das auch irgendwie und sagen dann zum Beispiel von einer Krankenschwester: «Sie gibt einem Kraft, wenn sie in der Nähe ist.» Andere, die sich ihrem Heilberuf ebenso eifrig widmen, scheinen lediglich die Energie anzuziehen, die für sie ausreicht, und haben nicht jene starke Ausstrahlung.

In einem anderen Kapitel werde ich im Zusammenhang mit dem sogenannten biomagnetischen Heilen oder der Heilung durch Handauflegen diese Frage der Überfülle an Lebenskraft erörtern. Bei diesem Heilverfahren wird nämlich die Aura ganz bewußt eingesetzt.

Im Zusammenhang mit dem *Vampir-Verhalten* mancher Leute habe ich darauf hingewiesen, daß diesen Menschen meist völlig unbewußt ist, welche Wirkung sie auf ihre Umgebung haben. Wir können davon ausgehen, daß sowohl der *Vampir* wie sein Opfer an einem Mangel an Lebenskraft leiden. Beim vampirartigen Menschen nimmt sich die ätherische Aura von anderen die nötige Energie.

Bei den Opfern führt der Mangel an Lebenskraft zu

einem Zustand der Leere, und auch sie werden sich jede verfügbare Energie von außen in ihre Aura holen. Es gibt viele Quellen, gute und schlechte, und im allgemeinen neigen Menschen mit kreisförmigen Wunden oder einer undichten Aura leider dazu, sich die fehlende Energie von Lebewesen zu holen, die unter ihnen stehen, von gewissen Tieren beispielsweise, oder von sehr kleinen Kindern, die noch weniger Energie als sie selbst haben. Es gibt viel bessere Quellen der Lebenskraft, und zu ihnen gehört die ätherische Aura lebender Pflanzen, und da vor allem wieder die Aura einiger Bäume.

Auf diesem Gebiet ist viel von Privatleuten geforscht worden, und in dem Kapitel über Heilen und Aura stehen Anweisungen, wie wir uns bei mangelnder Lebensenergie selbst helfen können.

Die undichte Aura

Wenn jemand an einer undichten Aura leidet, wäre es das beste, die Wunde oder Öffnung zu schließen. Leider wird selten an diese einfache Lösung gedacht, und noch seltener wird ihr nachgegangen, vielleicht gerade deshalb, weil sie so naheliegend ist. Stattdessen füllt sich der betreffende Mensch mit Lebenskraft, die sofort wieder verlorengeht, worauf der Ätherleib von neuem aufgeladen werden muß.

Das gesamte Thema der Haut oder Hülle der Aura wirft faszinierende Probleme für die Menschen auf, die genauer verstehen wollen, wie unser Bewußtsein mit dem physischen Körper und dem Gehirn Verbindung aufnimmt.

Hier läßt sich die wissenschaftliche Methode anwenden und zwar wesentlich leichter, als auf dem Gebiet der emotionalen und geistigen Ebenen unseres Bewußtseins. Festzuhalten bleibt, daß die ätherische Aura und der Ätherleib, von dem sie ausgeht, stark von den eigenen Gedanken und denen anderer Menschen beeinflußt wird. Da die physische Ebene von der ätherischen aus gesteuert wird, liegt hier der Schlüssel zum Verständnis, warum einige übersinnliche Heilmethoden so erfolgreich sind, zum Beispiel die des New Thought Movements, das an die Macht des Geistes glaubt, Krankheiten heilen zu können, oder die des Unity Movements oder der Christlichen Wissenschaft (Christian Science).

Außergewöhnliche Manifestationen

Viele sorgfältig durchgeführte Experimente mit der Hypnose, dazu die Berichte über die Stigmatisation (das Erscheinen der Wundmale Christi an den Körpern einiger christlicher Heiliger, wie zum Beispiel beim Heiligen Franz von Assisi), wie auch viele glaubhafte Berichte über das *Feuerlaufen* und andere Leistungen östlicher Asketen, und die physikalischen Phänomene des Spiritismus lassen alle darauf schließen, daß der Ätherleib und seine Aura eine wichtige Rolle bei dem spielen, was im allgemeinen «*übernatürliche* Manifestationen» genannt wird, aber besser «außergewöhnliche Manifestationen» heißen sollte.

Wir wollen nicht auf die schwierige Frage der Beweise für ein persönliches Überleben des Todes eingehen, aber so viel läßt sich wenigstens sagen, daß hier auf dem Grenzgebiet zwischen der physischen Ebene und feineren Ebenen der emotionalen und geistigen Welten ein vielversprechendes Feld vor den parapsychologischen Forschern liegt, das bis jetzt vernachlässigt wurde.

Der Kreislauf der Kraft

In diesem Kapitel behandle ich weitere Aspekte der Aura, darunter besonders den Energiefluß in ihrem Inneren. Über Krankheitserscheinungen der ätherischen Aura, die undichten Stellen, die Wunden, habe ich schon gesprochen. Was ich nun erörtern will, wird den Leser verstehen lassen, wie solche Wunden geheilt werden können, oder wie sie, was noch besser ist, überhaupt vermieden werden können.

Bestehende Lehrmeinungen

Es wird zunächst hilfreich sein, wenn wir uns vor Augen führen, was diese Energie der Aura ist und woher sie stammt. Wir stoßen hier auf Lehren, die in der Vergangenheit von vielen Schülern einfach hingenommen wurden, vor allem von denen, die sich an die allgemeinen Lehren der Theosophie hielten. Diese Lehren unterscheiden sich in einigen wichtigen Punkten von denen, welche in den esoterischen Schulen des Westens bekannt sind, ja sogar von denen der östlichen esoterischen Schulen. Das ist eigentlich ganz gut, denn wenn die Schüler bemerken, daß die *Autoritäten* verschiedener Auffassung sind, haben sie die Möglichkeit, auch für andere Ansichten und Lehren

offen zu bleiben. So bestehen beispielsweise in der astro-
nomischen Forschung verschiedene Ansichten über die
Entstehung des Universums. Es gibt Anhänger der Theorie
des *Big Bang* wie auch der entgegengesetzten Theorie
eines stationären *(steady state)* Universums, und die An-
strengungen, die jede Seite unternimmt, um ihre Hypo-
these zu stützen, bewirken ein schnelles Anwachsen grund-
legender Erkenntnisse über das Universum, die mit den
ursprünglichen Theorien nicht mehr viel zu tun haben.

Der Unterschied der Lehren läßt also Raum für freies
Forschen, und wenn ich auch die Lehren darstellen will,
die ich selbst empfangen habe, so möchte ich sie doch mit
denen aus den oben erwähnten anderen Quellen vergleichen und dazu auch einige Beobachtungen anführen, die
ich selbst gemacht habe. Wer also die eigenen Fähigkeiten
entwickeln und die Aura studieren kann, wird sich die
Freiheit nehmen, selbst Experimente durchzuführen, ohne
sich unnötige Sorgen zu machen, ob die Ergebnisse nun
mit denen der theosophischen Seher, indischen Yogis oder
spiritistischen Medien übereinstimmen oder zu den persönlichen Beobachtungen passen, die ich in diesem Buch
und meinen anderen Veröffentlichungen anführe!

Die Chakras oder Zentren

Die grundlegende okkulte Lehre besagt, daß der Ätherleib die Lebenskraft aus der Sonne zieht und sie an die
einzelnen Teile des Körpers weitergibt. Die westliche eso-
terische Lehre ist der Auffassung, daß der Ätherleib seine
Energie nicht nur aus der Sonne, sondern auch aus der
Erde bezieht. Die westliche Lehre stellt meiner Ansicht
nach die Vorgänge dieser Energieaufnahme vollständiger
dar und zeigt, daß es entlang der Wirbelsäule im Äther-

leib Punkte gibt, die diesen zweifachen Strom der Lebensenergie in den physischen Körper weiterleiten. Das lehrt die andere Schule ebenfalls, nur werden in den beiden Systemen Art und Anzahl dieser Verteilungsstellen oder *Chakras,* wie sie in Indien genannt werden, unterschiedlich angegeben.

Nach der gewöhnlichen theosophischen Lehre gibt es sieben Chakras oder Zentren, nämlich das Zentrum über dem Kopf, das allgemein der «tausendblättrige Lotus» genannt wird, das Zentrum zwischen den Augen, das Kehlzentrum, das Herzzentrum, das Solarplexuszentrum, das Milzzentrum und das Sakralzentrum am unteren Ende der Wirbelsäule.

Die westliche Lehre gibt folgende Zentren an: das Zentrum über dem Kopf, das Kehlzentrum, das Herzzentrum, das Sexzentrum und das Zentrum unterhalb der Füße. (In beiden Systemen liegt das Zentrum oberhalb des Kopfes in dem Teil der Aura, der über den Kopf hinausreicht, und das Zentrum des westlichen Systems, das unterhalb der Füße liegt, befindet sich im Teil der Aura, der sich unterhalb der Fußsohlen fortsetzt.)

Die theosophische Lehre führt also sieben Chakras an, während die westliche nur von fünf spricht. Im tantrischen System Indiens finden wir sieben Zentren wie bei den Theosophen, wobei allerdings im Tantra das Sexzentrum an die Stelle des Milzzentrums tritt.

Okkultes Wissen in Indien

Als ich mich in Indien aufhielt, habe ich mich als Mitglied einer kleinen Gruppe fortgeschrittener Okkultisten viel mit praktischer, okkulter Arbeit beschäftigt. In den Lehren, die mir dort mitgeteilt wurden, liegt meiner Meinung nach die Erklärung, warum sich die Systeme so deutlich unterscheiden. Uns wurde gelehrt und gezeigt, daß es im Ätherleib viele solcher Zentren gibt, und daß sich bestimmte Menschen auf einige davon konzentrieren und die anderen unbeachtet lassen. All die Zentren sind Teil eines verzweigten Systems ätherischer Kanäle, durch die ständig die Lebensenergien zusammen mit jener Kraft kreisen, die *Prana* genannt wird.

Die Gründe, warum einige Menschen eher Zentren benutzen, die von anderen offenbar unbeachtet bleiben, sind vielschichtig, und unsere Lehrer meinten, es sei das Beste, wir würden selbst herausfinden, was für uns die geeignetste Zusammenstellung von Zentren ist, und es unserem Nachbarn überlassen, welche Zusammenstellung ihm als die günstigste erscheint. Ich habe auf diesem Gebiet weitergeforscht und meine Ergebnisse mit denen vieler Medien verglichen und gesehen, daß das richtig ist. Ich meine also, daß wir uns über die Unterschiede nicht die Köpfe zu zerbrechen brauchen, und daß jeder sich an die Lehren halten kann, die ihm wirklich eine Hilfe sind.

Tantra

Uns wurde gesagt, daß die theosophische Lehre das Milzzentrum deshalb an die Stelle des Sexzentrums setzt, weil es unbewußte Vorurteile gegen sexuelle Themen gegeben habe, da das sexuelle Element in gewissen *verfälschten* tantrischen Übungen und einigen *verfälschten* Praktiken des Hexenkults zu sehr betont worden sei.

Das Wort *verfälscht* habe ich hervorgehoben, weil ich einmal einen Brief erhielt, in dem mir empört vorgeworfen wurde, in einem meiner früheren Bücher das Lehrsystem des Tantra herabgesetzt zu haben. Ich hatte in dem Text

36

das Wort *verfälscht* nicht hervorgehoben, und so war der Eindruck entstanden, ich würde den gesamten Tantrismus angreifen, was ganz und gar nicht meine Absicht gewesen war. Das Tantra ist ein erhabenes indisches System praktischer Philosophie, und man kann ihm die Auswüchse einiger Anhänger der tantrischen Magie genauso wenig zur Last legen, wie man den christlichen Kirchen vorwerfen kann, daß gelegentlich schwarze Messen von irgendjemandem abgehalten werden.

Die Einteilung der Zentren im Westen

Die westliche Anordnung der Zentren deckt sich in etwa mit der Lehre der Theosophen, wenn wir das Zentrum über dem Kopf als dasjenige ansehen, das die Energie von der Sonne in sich aufnimmt und zugleich die Entstehung des kleineren Zentrums an der Stirn zwischen den Augen verursacht. Herz- und Solarplexuszentrum bilden dann das eine Zentrum im Brustbereich, und das Geschlechtszentrum kann mit dem Sakralzentrum am unteren Ende der Wirbelsäule als ein anderes Zentrum betrachtet werden.

So fehlt uns nur das Milzzentrum, das möglicherweise andere Funktionen hat. In einigen Fällen ist beobachtet worden, daß dieses Zentrum die Pforte darstellt, durch die der Ätherleib vorübergehend den physischen Körper verlassen kann.

Wir sind nun bei den fünf Zentren angelangt, von denen die westliche Lehre spricht. Hoffentlich fühlt sich dabei niemand von der Tatsache beunruhigt, daß die mystische Zahl Sieben unter den Tisch gefallen ist. Was unser Thema betrifft, bin ich der Ansicht, daß an der Zahl Sieben nichts Mystisches ist, ganz gleich, welche Rolle sie in der Numerologie oder Symbolik spielt, aber ich kann mich natürlich täuschen.

Die Zentren, die offenbar entlang der Wirbelsäule liegen, scheinen sich zur Oberfläche der Aura hin auszudehnen, und diese Verlängerungen sehen wie konische, trichterförmige Energiewirbel aus. Wo sie die äußere Haut der Aura berühren, sind sie mit einem feinen und leichten Gewebe ätherischer Substanz überzogen. Die Wirbel befinden sich ständig in kreisender Bewegung, und ihre Drehrichtung zeigt an, ob Energie eingesaugt oder nach außen abgegeben wird.

Das System, mit dem ich jetzt arbeite, nimmt wie gesagt an, daß das Zentrum über dem Kopf Energie aufnimmt, die aus der Sonne stammt. Diese Energie lädt dann das Solarplexuszentrum stark auf. Hier wird es mit unseren Beobachtungen schwierig, und es wäre von großem Nutzen, wenn andere Menschen, die sich mit dem Studium der Aura befassen, die Frage weiter verfolgen würden, wie eigentlich die Lebensenergie aufgenommen wird. Vor allem geht es darum, ob nur die Energie aus der Sonne, die hauptsächlich auf das Solarplexuszentrum wirkt, aufgenommen wird. Oder ob es sich bei dieser Aufnahme bloß um ein Aufladen handelt, das einen Vorgang auslöst, bei dem eine viel größere Menge an Lebenskraft eingesogen wird, und zwar aus dem mächtigen Urstrom der Energie, der aus der Ätherwelt selbst stammt? Wenn diese Annahme richtig ist, strömt dann diese Energie durch das Zentrum unterhalb der Füße in die Aura ein?

Geistige und emotionale Reize

Sobald das Solarplexuszentrum tätig ist, verteilt es seine Energie an die anderen Zentren. Ebenso scheinen die

Kopf-, Kehl- und Geschlechtszentren von bestimmten Energien angeregt zu werden, die sie sich von den ätherischen Ebenen holen, und die ganz anderer Natur als die Lebensenergie sind, die über den Solarplexus zu ihnen gelangt.

Ich muß hier einen Punkt ansprechen, der vielen, die sich mit okkulten Dingen befassen, nicht ausreichend bewußt ist. Die Zentren können nämlich nicht nur durch die Energien aus der Sonne und anderen Quellen zur vollen Tätigkeit angeregt werden, sondern auch durch mentale und emotionale Reize, wie zum Beispiel Rituale, Kino und Theater, Fernsehen oder Bücher, die so geschrieben sind, daß im Geist der Leser klare und scharf gezeichnete Bilder auftreten, die wiederum zu emotionalen Reaktionen führen. Das ist ein wichtiger Aspekt der Vorgänge in der Aura, der größere Auswirkungen auf unser Leben haben kann, als uns jetzt noch bewußt ist.

Die Verwundung der Aura

Ich habe beschrieben, was geschieht, wenn die Zentren Energie einsaugen. Was geschieht, wenn sie ihre Drehrichtung ändern und Energie nach außen abgeben? Zunächst einmal hat das feine Gewebe über dem äußeren Ende der Wirbel die Aufgabe, automatisch dafür zu sorgen, daß nicht zuviel Energie abgegeben wird, damit die Person keinen gefährlichen Energieverlust erleidet. Wenn dieses schützende Gewebe unverletzt ist, werden automatisch ausreichend Lebensenergien zurückgehalten. Es kann jedoch unter bestimmten Umständen zu Verletzungen kommen, und dann entstehen die oben erwähnten *Wunden* der Aura.

Gewisse unvernünftige Meditationsübungen können zu einer Verletzung der Aura führen; am häufigsten kommt es aber zu Wunden, wenn Drogen gewohnheitsmäßig eingenommen werden. Ganz gleich, was *fortschrittliche* Psychologen sagen, ständiger Drogengenuß schädigt die Aura gewaltig und öffnet sie allen möglichen Einflüssen.

Psychedelische Drogen

Die gelegentliche Einnahme eines Trips bei sorgfältiger ärztlicher Überwachung wirkt sich vermutlich nicht schlimm aus. Ich stimme aber völlig mit einem der kenntnisreichsten Autoren auf diesem Gebiet überein, der aus eigener Erfahrung spricht. Israel Regardie beschreibt die Wirkungen der Drogen und sagt, «daß offenkundig psychotischen Menschen ... dringend geraten werden muß, unter keinen Umständen psychedelische Drogen zu nehmen.» Er geht hier vom psychischen Zustand aus, und den meisten Menschen mit Fachkenntnissen auf diesem Gebiet ist klar, daß es kaum jemanden gibt, dessen Psyche frei wäre von neurotischen oder psychotischen Zügen.

Das gilt in noch größerem Maß für die ätherische Aura, da in ihr viele dunkle Schatten zu finden sind, die auf zukünftige geistige wie körperliche Schwierigkeiten und Kämpfe hindeuten. Alle geistigen, emotionalen und körperlichen Störungen sind nämlich in der Aura schon zu entdecken, bevor sie noch in der Psyche oder im Körper als Krankheiten manifest werden.

Wenn wir die Oberfläche der Aura dem Einfluß aller möglichen Kräfte öffnen, verhalten wir uns so, als würden wir die schützende Haut von unserem Körper abziehen, und die Gefahren sind in dem einen Fall so groß wie im anderen. Kein vernünftiger Mensch würde ohne Haut leben wollen, aber es gibt viele, die ihre andere, parapsychische Haut verletzen, weil der Vorgang viel weniger schmerzhaft ist, und weil sie sich falsch verhalten.

Einige theosophische Autoren verbieten Tabak- und Alkoholgenuß, und die Art und Weise, wie die Gesellschaft mit alkoholischen Getränken umgeht, hat viele für die bittere Wahrheit blind gemacht, daß die Alkoholsucht eine Krankheit mit bedrückenden Folgen ist. Die Schule, der ich angehöre, macht andererseits keine engen Vorschriften, sondern beschränkt sich auf den Hinweis, daß wir die besten Voraussetzungen mitbringen müssen, wenn wir die besten Erfolge erzielen wollen.

Das ätherische Gewebe wacht nicht nur darüber, wieviel Energie aus den Zentren nach außen abgegeben wird, sondern hält auch Einflüsse von außen fern, die in den Ätherleib eindringen wollen. Wenn es unverletzt bleibt, ist die Gefahr geringer, daß es zu parapsychischen Infektionen kommt, wie ich das einmal nennen möchte.

Das Wiederaufladen der ätherischen «Batterien»

Die Energien der einzelnen Zentren können aus der Aura nach außen dringen und werden als verschwommene, wolkige Ausstrahlungen oder als fest umrissene Lichtstrahlen wahrgenommen. Das hängt von der Willensstärke, von der Kraft der Wünsche ab, die hinter der Ausstrahlung der Energie stehen.

Wenn diese Kraft groß ist, wird wahrscheinlich in kurzer Zeit eine Menge hochkonzentrierter Energie abgegeben, und das setzt die Lebenskraft der Betreffenden herab. Sie können dann in einen derart negativen Zustand geraten, daß eine Art Saugwirkung entsteht, die dazu führt, daß den Menschen in ihrer Umgebung, ja eigentlich jeder geeigneten Energiequelle Kraft abgezapft wird. Es gibt eine andere Möglichkeit für vorübergehend geschwächte Menschen, ihre ätherischen *Batterien* wieder aufzuladen.

Wir finden Lebenskraft nicht nur im Tierreich, im Menschenreich, sondern natürlich auch im Pflanzenreich. Die Pflanzen nehmen nicht nur ätherische Energie auf, sondern sind ebenfalls von einer einfachen Aura umgeben, die aus der überschüssigen, nicht verwendeten Energie besteht. Diese Auras können sehr unterschiedlich beschaffen sein, und einige passen sehr gut zu den besonderen ätherischen Energien der Menschen. Wer über zu wenig Lebenskraft verfügt, kann sich mit Hilfe einer einfachen Methode wieder aufladen.

Die geeigneten Bäume

Die Bäume, die sich am besten für diesen Zweck eignen, sind Kiefern und Tannen, in zweiter Linie auch Eiche, Buche und Apfelbaum. Auf dem Grundstück des ländlichen Hauses, in dem ich dieses Buch schreibe, befindet sich eine riesige Eiche, die mehrere hundert Jahre alt ist, und die Aura, die sie ausstrahlt, ist wirklich sehr hilfreich. Die Ulme sollten wir nicht nur meiden, weil sie gern ohne jede Warnung trockene Äste fallen läßt, sondern auch wegen ihrer Aura, die dem Menschen schädlich sein kann.

Nehmen wir jedoch an, wir haben eine geeignete Kiefer gefunden, um uns wieder aufzuladen. Wir setzen uns auf den Boden und lehnen uns mit dem Rücken fest an den Baumstamm. Da der Boden oft feucht sein kann, nehmen wir ein wasserundurchlässiges Kissen mit. Es ist völlig unerheblich, ob es aus Gummi, Schaumstoff oder einem anderen Material besteht, solang es uns nur trocken hält.

Es ist eine Menge Unsinn über Isolierung gesagt und geschrieben worden. Viele Leute hängen dem Aberglauben an, daß uns alle Gegenstände aus Gummi oder Plastik von den ätherischen Kräften abschirmen oder isolieren. Es ist oft vorgeführt worden, daß das überhaupt nicht stimmt. Wünschelrutengänger, die glaubten, daß Gummi ihre Kräfte unwirksam machen würde, fanden sich tatsächlich bestätigt, während andere Wünschelrutengänger, die nichts von dieser isolierenden Eigenschaft des Gummis hielten, sehr wohl arbeiten konnten, obgleich sie Gummistiefel trugen oder Schuhe mit Gummisohlen.

Dieser Aberglauben entstand meiner Meinung nach, weil Gummi natürlich ein Isolator für elektrische Ströme ist, und weil man annahm, die Ströme der Lebenskraft seien ebenfalls elektrischer Natur. Das sind sie zwar, aber doch auf ganz andere Art, und eine normale Gummiisolierung kann sie weder abschirmen noch stören, *es sei denn, die betreffenden Menschen glauben, daß Gummi so wirkt.*

Die Aura der Bäume

Wenn wir uns bequem hingesetzt haben und den Rücken fest gegen den Stamm lehnen, nehmen wir eine bestimmte Geisteshaltung ein, das heißt, eine innere Haltung des Denkens und des *Fühlens.* In diesem Bereich sind nämlich die Gefühle wichtig. Wir denken uns nicht in die Baumaura hinein, sondern fühlen uns in sie ein, schmiegen uns ihr an, kuscheln uns in sie hinein.

Wir müssen uns liebevoll in die einfache Intelligenz einfühlen, die wir in übertragenem Sinn den Geist des Baumes nennen könnten. Es geht um die Einfühlung, nicht um ein klar umrissenes geistiges Bild. Eine gute Hilfe auf dem

Weg zur Einfühlung besteht darin, daß wir uns, so gut wir können, die symbolische Form vorstellen, in der sich für uns das eigentliche Wesen des Baumes am besten ausdrückt. Wenn wir die ätherische Wahrnehmung schon entwickelt haben, kann es geschehen, daß wir tatsächlich einen flüchtigen Eindruck von der lebendigen Intelligenz bekommen, deren äußere und sichtbare Manifestation der Baum ist.

Wir ruhen ganz entspannt in dieser liebevollen Zuwendung, mit der wir dem eigentlichen Baum, seinem lebendigen Wesen begegnen, und lassen die Energien, die er abgibt, in uns ein. Ein Ruhen von fünfzehn Minuten oder weniger kann die Batterien der Lebenskraft in uns wirkungsvoll aufladen.

Ich habe diese Methode der Energiesteuerung oft angewendet und weiß, daß auf sie Verlaß ist. Viele andere Menschen haben sie mit Gewinn angewendet. Der Schlüssel zum Ganzen liegt in unserer inneren Haltung, in unserem Einfühlen in den Baum, und weniger in einem gedanklichen Vorgang. Die Methode führt sogar bei Menschen zu Ergebnissen, die eine solche Übertragung der Lebenskraft für unmöglich halten und all dies für Autosuggestion ansehen. Wem diese Erklärung gefällt, der kann sich an sie halten, aber ich versichere ihm hier, daß es bei der Methode um mehr als bloß Autosuggestion geht.

Ausstrahlung des Mineralreichs

Wir können auch Verbindung mit den Emanationen aufnehmen, die ständig vom Mineralreich ausgestrahlt werden, von den Steinen und der Erde unserer Umgebung, auf denen wir leben und uns bewegen. Der künstliche Beton-Dschungel unserer Großstädte verhindert allerdings, daß die Strahlen ungestört zu uns dringen. Andererseits nehmen wir über das Zentrum unter den Füßen Kontakt mit dem elementaren ätherischen Feld unseres Planeten auf, und dieses Feld verbindet uns mit den gewaltigen Quellen der Lebensenergie, so wie wir durch das Zentrum über dem Kopf die Verbindung zu den positiven Energien herstellen, die auf den höheren Ebenen die treibenden Kräfte des Universums sind.

Der Fluß der Lebensenergie

Wir können die beiden Zentren als die zwei *Schaltstellen* betrachten, die uns mit dem Universum und seinen beiden Polen Energie und Form verbinden. Die zwei Zentren sind also so etwas wie die beiden Enden oder Pole eines Stromkreises, in dem die Elektrizität immer wieder die Richtung ändert. Selbstverständlich kann sie nur ungehindert fließen, wenn jede *Schaltstelle,* jeder Pol richtig an die Energie des Universums angeschlossen ist.

Wie schon gesagt, ändert der Strom der Lebensenergie seine Richtung, fließt erst in die eine, dann in die andere, und wenn wir als Okkultisten oder Medien praktische Arbeit leisten wollen, müssen wir die Richtung, in die jener Strom zu einer bestimmten Zeit fließt, berücksichtigen. Im Osten hat man die damit verbundenen Probleme recht gut gelöst, während im Westen kaum irgendwo ein tieferes Wissen darüber anzutreffen ist, von einigen der geheimeren okkulten Gruppen einmal abgesehen.

Die moderne Psychologie, vor allem die tiefenpsychologische Richtung, kann uns einigen Aufschluß über den Fluß der Lebensenergie geben, wie er einerseits gehemmt wird und andererseits unterstützt und verstärkt werden kann.

Die Manifestation der Energie des Universums

Beschaffenheit und Manifestation der universalen Energie sind von der Richtung abhängig, in die der Hauptstrom der Aura fließt. Wenn er sich vom Erdzentrum nach oben bewegt, stärkt er die Lebenskraft des Körpers und dessen Funktionen. Wenn er andererseits vom Kopfzentrum ausgeht, wird vor allem die Geistestätigkeit angeregt. Der *Magnetismus* der Aura wird jedoch zu jeder Zeit gemischt sein, und die Entscheidung, wie sich die Energie manifestieren wird, liegt in den Händen des Wachbewußtseins.

Die inneren Kräfte sind die eigentlichen Aspekte unseres Wesens und üben eine stimulierende Wirkung aus. Wir halten es aber oft für unmöglich oder falsch, ihnen direkt Ausdruck zu verleihen, und so ist es das Wachbewußtsein, bei dem die Verantwortung liegt, wie sich diese Kräfte im Alltag äußern werden.

Unsere wirkliche Entwicklung findet immer hier im dimensionslosen Bewußtsein der Gegenwart statt. Die Vergangenheit ist ja nicht mehr, und die Zukunft ist noch nicht zu sehen, und so bleibt uns nur die Gegenwart, schmal wie des Messers Schneide, und nur mit ihr können wir arbeiten. Während wir noch denken, sprechen und handeln, wird schon das Gegenwärtige zu Vergangenheit, und die Zukunft wird zu Gegenwart. In den folgenden Worten der Bibel steckt sicher eine tiefe psychologische Wahrheit verborgen: «Jetzt ist die Zeit gekommen, jetzt ist der Tag der Erlösung.»

Der sekundäre Kreis

Die Aktivität des Hauptkreislaufs der Energie baut in der ätherischen Aura ein sekundäres Kraftfeld auf, und die Aura muß bestimmte Entwicklungsphasen durchlaufen.

Der sekundäre Kreis ist für alle Einflüsse von außen empfänglich, besonders dann, wenn er noch nicht vollständig entwickelt ist. Sein Zustand gleicht dann dem eines Körpers, dem die schützende Haut abgezogen worden ist.

Diese extreme Sensitivität kann von den betreffenden Menschen überhaupt nicht gesteuert werden, und so reagieren sie auch entsprechend stark und irrational auf äußere Einflüsse.

«Offene» Medien

Wenn sich das individuelle Bewußtsein weiter entwikkelt, verbessert sich auch die Beschaffenheit des ätherischen Gewebes, der Haut, die die Aura schützt, und so werden viele Einflüsse ferngehalten, die die Aura früher stark beeinträchtigten. Wo das nicht geschieht, bleiben die Einzelnen offen für alle äußeren Einflüsse und sind ihnen ausgeliefert.

Das ist eine der Gefahren, denen sich die sogenannten negativen Medien ausgesetzt sehen. Der Begriff ist von einigen Okkultisten zu Unrecht gegen die Medien verwendet worden, die andere Ansichten hatten. Ich verwende ihn hier jedoch für die Menschen, die *offene Medien* genannt werden. Sie sind eine Belastung für jede Bewegung, der sie sich zufällig angeschlossen haben, denn da sie unfähig sind, sich unerwünschte Einflüsse fernzuhalten, gleichen sie menschlichen Windharfen, die jeder Wind, der sie berührt, zum Klingen bringt, wobei die Klänge oft genug unharmonisch sind.

So empfänglich sie für jeden Einfluß sind, der ihre Aura treffen mag, so sehr sind sie auch allen Wesen ausgeliefert, die ihnen Lebensenergie entziehen wollen. Sie haben aber eine undichte Aura und können nicht sehr viel Kraft verlieren, da sie von vornherein über keine große Menge davon verfügen.

Wenn es zu einer echten Entwicklung kommt, baut sich ein Schutz auf, der die Aura vor ungewollten Reaktionen bewahrt, und die Zentren des Ätherleibs können aus freiem Entschluß gelenkt und als Wahrnehmungsorgane eingesetzt werden.

Interessante Forschungsarbeiten

Vor den Hellsehern, die auf diesem Gebiet arbeiten möchten, tut sich ein weites und interessantes Forschungsfeld auf. Ich bin der Ansicht, daß solche Forschungsarbeiten nicht nur von großem Nutzen für die Parapsychologie, sondern auch für die Medizin und die Elektronik sein werden.

Im Zusammenhang mit den elektrischen Strömen sind schon interessante Versuche durchgeführt worden, um Klarheit über ihre Beschaffenheit zu erhalten. Dabei wurde das entwickelte ätherische Hellsehen eines der Mitglieder der Forschungsgruppe eingesetzt, doch als Mitarbeiter, die an den konventionellen Methoden hingen, Widerstand leisteten, wurde die Gruppe erst einmal aufgelöst. Vielleicht wird sich das geistige Klima in der Zukunft ändern und solche Experimente wieder ermöglichen.

Die ätherische Aura ist nicht nur eine Sphäre, die den physischen Körper umgibt und gleichzeitig seine Basis ist, sondern sie empfängt auch Einflüsse und sendet Kräfte aus. Die Einflüsse und Kräfte, die von der Aura ausgehen, können sehr unterschiedlich sein, was Stärke und Eigenschaft angeht.

Körperlich wie geistig gesunde Menschen strahlen im

Wachzustand ständig einen Strom ätherischer Energie ab, und diese persönlich gefärbten Kräfte könnten wir die persönliche Anziehungskraft, aber auch den Magnetismus dieser Menschen nennen.

Ebenso geht ständig ein Strom von Lebensenergie von den gesunden Menschen aus, da sie die belebenden Kräfte der Natur in reichem Maß in sich aufnehmen und den Überschuß, für den der Körper keine Verwendung mehr hat, abgeben.

Ätherisches Heilen

Viele Heiler arbeiten mit dieser Lebensenergie und können die Menschen wieder aufladen, denen es an Kraft fehlt. Die Lebensenergie kann sich freilich verschieden stark äußern, und so arbeiten die einzelnen Heiler auf ganz unterschiedliche Weise.

Wenn wir die überschüssigen Lebenskräfte für Heilzwecke einsetzen wollen, dürfen wir eine wichtige Tatsache nicht vergessen. Als Dr. Mesmer diese Heilmethode in der zweiten Hälfte des achtzehnten Jahrhunderts in Frankreich bekannt machte, seine Theorien über die Energie äußerte, die er auf seine Patienten übertragen konnte, sprach er von ihnen als einem *Fluidum,* das überall im Universum anzutreffen ist. Er behauptete, daß diese Energie angezapft und zur Heilung des physischen Körpers eingesetzt werden kann.

Bei diesen Heilungen zeigte sich, daß ein Heiler, der viele Patienten nacheinander behandelt hatte, dann keinen Mangel an Energie litt, wenn er diese Vorstellung eines universalen Fluidums für wahr ansah und sie stets in sich trug. Wenn er aber davon ausging, daß die Kräfte nichts als seine eigenen Energien waren, fühlte er rasch einen

Mangel, wenn er bei einer Sitzung mehr als eine bestimmte Anzahl Patienten behandelte. Sitzungen, die zu lange ausgedehnt wurden, verlangten allerdings auch von den Heilern, die den Glauben an das universale Fluidum fest in ihrem Geist verankert hatten, eine Ruhepause, um einen vorübergehenden Mangel an Energie wieder auszugleichen.

Heilungen in der Bibel

Bei dieser Gelegenheit fallen uns die Worte Jesu wieder ein, als er die Frau heilte, die zwölf Jahre lang an Blutungen gelitten hatte. Sie berührte ihn in der Volksmenge, die sich um ihn scharte. Jesus fühlte, daß Kraft von ihm aus gegangen war und fragte: «Wer hat meine Kleider angerührt?» Und die Jünger fragten natürlich ganz vernünftig zurück: «Du siehst, daß dich das Volk drängt und sprichst: Wer hat mich angerührt?» (Markus 5, 25 f.)

Ich habe eine entsprechende Szene in Indien erlebt, als ein Wandermönch oder *Sannyasin*, ein heiliger Mann in ein kleines Dorf kam. Alle Einwohner umringten ihn und versuchten, ihn zu berühren. (Etwas Ähnliches können wir übrigens heute in einem ganz anderen Zusammenhang nicht etwa im fernen Osten, sondern hier in Europa erleben, wenn nämlich ein Pop-Idol irgendwo auftritt!)

Das Wort Kraft in dem biblischen Text steht für das griechische *dynamis*, von dem sich unsere modernen Worte Dynamo, dynamisch, Dynamit herleiten. In der englischen King-James-Bibel ist es mit *virtue*, mit Wirksamkeit oder Tugend übersetzt worden. Bei Tugend denken wir heute weniger an die mit ihr verbundene starke, aktive Energie, sondern eher an moralische oder auch sexuelle Reinheit.

Die Kraft der Reinheit

Trotzdem hat die Bedeutung der Tugend als Reinheit etwas mit dem alten Sinn des Wortes, nämlich mit Kraft zu tun. In der Antike war man der Ansicht, daß ein Leben, in dem vor allem im Bereich des Sexuellen auf Reinheit geachtet wurde, den Menschen Kraft verlieh. Man war sogar der Ansicht, daß ein jungfräuliches Mädchen nicht von wilden Tieren angegriffen wurde.

In der mittelalterlichen Magie wurde aus diesem Grund darauf bestanden, daß bei den magischen Handlungen ausschließlich Jungen und Mädchen als Kristallseher eingesetzt wurden, die noch nicht die Pubertät erreicht hatten.

Diese Haltung war gar nicht so abwegig, wenn wir an die *magnetische* oder ätherische Reinheit denken. Wir wissen von Männern und Frauen, deren moralische und spirituelle Tugendhaftigkeit so groß war, daß sie an den Verstecken angriffslustiger Raubtiere vorübergehen konnten und nicht angefallen wurden, obwohl sich die Tiere ihnen näherten und sie genau inspizierten.

Einer der Mitbegründer der Theosophischen Gesellschaft, Henry Steel Olcott, nahm während seines Aufenthalts in Indien viele magnetische Heilungen vor und gab dabei so viel Energie ab, daß er auf den Rat eines führenden Okkultisten hin die Arbeit unterbrechen und sich während einiger Zeit erholen mußte, damit sich seine Energie wieder aufbauen konnte. Dabei setzte er sich, wieder auf den Rat des befreundeten Okkultisten hin, unter eine Kiefer und lehnte sich mit dem Rücken an den Stamm, damit ihn die Lebensenergien des Baumes aufladen konnten.

Die Erschöpfung der Energien

Valentine Greatrakes lebte im achtzehnten Jahrhundert in Irland und führte magnetische Heilungen durch, bei denen er die Technik des sogenannten Handauflegens anwandte. Die britische Regierung gewährte ihm für seine Arbeit eine kleine Pension. Vater Johannes, ein orthodoxer Priester in Kronstadt, war weniger vom Glück begünstigt und erschöpfte sich bei seinen Heilungen so sehr, daß die Energieverluste zu seinem Tod führten.

Wichtig ist mir an diesen Beispielen folgendes: Greatrakes und Vater Johannes sahen beide die Kraft, mit der sie heilten, nicht als ihre persönliche Energie an und fühlten sich nur als Mittler. Wieso kam es bei beiden zu starken Erschöpfungszuständen? Es gibt zwar einen unerschöpflichen Vorrat an Energie, aber die persönlichen Energien erschöpfen sich trotzdem allmählich, wenn die Kanäle, durch die ein Heiler die Kräfte in sich aufnimmt, nicht ausreichend rein und offen sind. Als Lösung bleibt nur, so lange keine Heilungen mehr durchzuführen, bis sich die Energien erneuert haben.

Magnetisches Heilen

Das magnetische Heilen wird gewöhnlich mit Hilfe sogenannter Striche vollführt, das heißt, der Heiler streicht in einem bestimmten Abstand mit den Händen über den Körper des Patienten hin. Dabei werden auch die Hände aufgelegt und heilkräftige Öle verwendet. Wir kommen bei der Untersuchung der ätherischen Energien nun an einen interessanten Punkt. Die ätherische Aura nimmt nicht nur Kräfte in sich auf, sondern gibt sie auch weiter. Die Energien, die sie durchströmen, können sowohl auf menschliche Körper wie auch auf alle möglichen Dinge übertragen werden, auf Tiere ebenso wie auf Pflanzen. Ich sprach schon von der Energie, die wir von den Bäumen in uns aufnehmen können. Diese Übertragung ist nicht nur in einer Richtung möglich. Wie wir ätherische Energie aus den Pflanzen in uns ziehen können, so sind auch sie in der Lage, uns anzuzapfen, wenn sie Hilfe benötigen.

Es sind viele Experimente mit der Kraft jener Menschen durchgeführt worden, die im guten wie im schlechten auf Pflanzen einwirken können. Es ist durchaus möglich, daß diejenigen, die eine *grüne Hand* haben, also gärtnerisch begabt sind, Menschen mit der Fähigkeit sind, ätherische Energien auf leidende Pflanzen zu übertragen.

Diese Menschen sind sich meistens nicht bewußt, daß sie jene Fähigkeit besitzen; das mag ganz gut sein, da sich so der Verstand nicht einmischt, und das Unbewußte eine Gelegenheit erhält, die ätherischen Abläufe einzusetzen.

Die ätherischen Energien werden nicht nur auf Menschen, Tiere und Pflanzen übertragen. Sie können auch in unbelebte Gegenstände wie Steine, Edelsteine, Öle und so weiter einfließen und sie aufladen. Diese Gegenstände sind dann eine Art magnetische Batterie, die ihre Ladung, falls erforderlich, wieder abgeben kann.

Wenn das Aufladen oder Magnetisieren von jemandem vorgenommen wird, der einen Einblick in die in Frage kommenden Prinzipien hat, wird der Gegenstand nicht nur in eine Batterie verwandelt, die sich so lange entlädt, bis sie leer ist. Er wird vielmehr an die kosmischen Energien angeschlossen und bleibt aufgeladen. Er kann bei Heilungen oder für jeden anderen erdenklichen Zweck eingesetzt werden.

In der katholischen Kirche wird das *Oleum Infirmorum*, das Öl für die Kranken, vom Bischof am Gründonnerstag in der Kathedrale für ein Jahr geweiht. Eigentlich kann jeder, der das Prinzip des Magnetisierens verstanden hat, Heilöle bereiten.

Eine Heilung mit Ölen

Ich habe einmal miterlebt, wie Heilöle wirken können. Das war im Januar 1919, und ich befand mich als Patient im Militärhospital von Glasgow, weil ich 1918 in Frankreich verwundet worden war. Als Genesender wurde ich zu einer Vorführung eingeladen, bei der eine kleine Gruppe Geistheiler ihre Arbeit vorstellte. Ihre Technik bestand darin, den Patienten mit Gedanken an Heilung einzuhüllen und kosmische Heilkraft von höheren Ebenen herabzurufen.

Die Gruppe wußte, daß ich hellsichtig war, und bat mich, alles zu berichten, was ich während der Heilung sehen würde. Das tat ich und konnte ihnen sagen, daß die Patientin zwar von einer dunkelblauen Energiewolke umgeben war, daß die Kraft aber nicht in ihren Körper eindrang. Sie hatte sich als eine Ansammlung von blauem Licht um die Kranke gelegt, die auf Fragen hin erklärte, sie fühle keinen Unterschied, fühle sich auf keinen Fall besser.

Ein weiterer anwesender Okkultist führte ein Heilöl mit sich und wurde gebeten, es bei der Patientin anzuwenden. Er öffnete das Silberröhrchen, in dem er das Öl aufgewahrte, benetzte den Daumen mit dem Öl und zog ein Kreuz auf der Stirn der Kranken.

Ein Wirbel

Sofort trat eine merkliche Veränderung ein. Mir war, als bilde sich über der Stirn der Frau ein Wirbel, und das dunkelblaue Licht schien hineinzulaufen, wie Wasser in der Badewanne oder im Waschbecken abläuft, wenn der Stöpsel gezogen ist. In kurzer Zeit war die gesamte Energie vom Körper der Patientin aufgesogen worden. Sie meinte, sie fühle sich viel besser, und es war deutlich zu sehen, daß sie lebhafter und munterer, ja wesentlich gesünder wirkte.

Die Erklärung war, daß das magnetisierte Öl wie eine Brücke zwischen den feineren Energien, die herabgerufen worden waren, und dem Ätherleib und der Aura der Patientin gewirkt hatte. Darauf konnte die Energie in die ätherische Aura eingesogen werden und ihren Zweck erfüllen.

Manche Heiler wenden eine ähnliche Technik an und magnetisieren Taschentücher oder Leinenkissen, die sie ihren Patienten schicken. In diesem Zusammenhang fallen uns die Gegenstände ein, die zu den Kranken gebracht wurden, weil der *Schatten* einer der Apostel auf sie gefallen war. Wenn wir für *Schatten* Aura setzen, verstehen wir, was in dem biblischen Bericht gemeint ist.

Im Kraftfeld der ätherischen Aura sind viele Energien am Werk, die uns noch völlig unbekannt sind. Es sind noch längst nicht alle Fakten der Aura untersucht worden, und so bleibt noch vieles zu erforschen, eine faszinierende Arbeit für alle Interessierten.

Ätherische Wechselwirkung

Eine weitere äußerst interessante Erscheinung finden wir in der Tatsache, daß sich die Auren der Menschen gegenseitig beeinflussen. Die Fähigkeit der Redekünstler, ihre Zuhörer in Bann zu schlagen, beruht viel mehr auf einer bestimmten Entwicklung ihrer ätherischen Aura und weniger auf ihrem Wissen oder ihrer rhetorischen Begabung.

Es gibt andere Menschen, die wie Katalysatoren wirken und überall, wo sie auch hinkommen, Zerstörung verbreiten. Ganz gleich, ob sie etwas sagen oder schweigen: in den Gruppen, denen sie angehören, wird es zu Meinungsverschiedenheiten und Spaltungen kommen. Es gibt auch Katalysatoren mit entgegengesetzter Wirkung, die die Gruppenmitglieder dazu anregen, auf schier unglaubliche Weise zusammenzuarbeiten.

Dann kennen wir Menschen, die eine besondere Kraft haben, welche latente, verborgene Eigenschaften anderer zum Vorschein bringt. Diese Kraft finden wir in Lehrern, die ein starkes Gefühl der Berufung haben und ihre Arbeit nicht nur vom materiellen, beruflichen Standpunkt aus sehen. Sie sind fähig, eine so enge Verbindung mit dem Geist ihrer Schüler herzustellen, daß sie deren natürliche Anlagen auf eine Weise zur Entfaltung bringen, wie es gewöhnlichen Lehrern nie gelingen wird.

Entwicklungszirkel

Eine spezielle Spielart dieser Kraft besitzen die Menschen, die durch ihre reine Anwesenheit schon die parapsychischen Fähigkeiten ihrer Umgebung stimulieren, obwohl bei ihnen selbst häufig keine derartigen Kräfte zu entdecken sind. Diese Menschen sind nützliche Mitglieder sogenannter Entwicklungszirkel. Anscheinend ist ihre Aura zum Teil in der Lage, die eigenen Schwingungen auf die Auren der anderen zu übertragen.

In diesem Zusammenhang können wir auch überlegen, ob nicht der allgemein übliche Brauch, bei der Übergabe eines Amtes, zum Beispiel bei der Priesterweihe, die Hände aufzulegen, seinen Grund in dieser Eigenschaft der ätherischen Aura hat. Das werden freilich vor allem diejenigen bestreiten, die in unserem Zeitalter der Gleichheit aller Menschen lautstark darauf bestehen, daß alle gleich seien und kein Mensch Kräfte oder Fähigkeiten haben könne, die die anderen nicht auch hätten. Darauf ist zu antworten, daß die ideale Gesellschaft die wäre, in der wir unsere besonderen und vielleicht sogar einzigartigen Gaben zum Wohle aller in das Ganze einbringen könnten.

Die emotional-mentale Aura

Viele Autoren, die okkulte Themen behandeln, nehmen gewöhnlich eine klare und strikte Trennung der emotionalen und mentalen Aspekte des Menschen vor. Wenn sie seine Struktur beschreiben, sprechen sie vom «emotionalen oder astralen Leib» und vom *Mentalkörper,* als handle es sich um zwei völlig getrennte Teile seines Wesens. Das mag natürlich richtig sein, wenn wir den ganzen Menschen wie einen Toten betrachten und ihn so untersuchen, wie der Anatom den menschlichen Körper studiert.

Für den Anatomen gibt es bestimmte, genau definierte Systeme von Organen, Nerven und so weiter, und die sieht er zunächst als getrennte Systeme an, wie zum Beispiel den Verdauungstrakt, das Gefäßsystem und so fort, auch wenn er sich stets der entscheidenden Tatsache bewußt bleibt, daß alle Systeme im lebenden Menschen auf wunderbare Weise zusammenwirken, und die verschiedenen Tätigkeiten erst zusammen das Leben des Individuums ermöglichen.

Es ist ebenso zulässig, die emotionalen und mentalen Aspekte des Menschen zu trennen, also auch die *Fahrzeuge* oder *Träger,* die *Körper,* durch die jene Aspekte wirksam werden. Wenn wir jedoch das lebendige Individuum betrachten, entdecken wir, daß wir die beiden Ausdrucksweisen eigentlich nicht trennen können, die dem Menschen auf der psychischen Ebene, auf dem physischen Plan zur Verfügung stehen.

Das Prinzip Kama-Manas

Sowohl in der östlichen wie der westlichen Überlieferung wird von zwei Aspekten gesprochen. In Indien werden die beiden Tätigkeiten von Emotion und Denken im Begriff *Kama-Manas* zusammengefaßt, wobei *Kama* Begierde oder Verlangen bedeutet und *Manas* sich auf den Geist bezieht, auf die Denkfähigkeit. Darüber hinaus verweist dieser Doppelaspekt auf den Plan oder die Ebene des *reinen* Denkens, die auch «Manas-Ebene» genannt wird.

In der westlichen Überlieferung finden wir in der Kabbala dieselbe Vorstellung, nämlich die einer *vernünftigen Seele,* die hier *Ruach* heißt. Es wird ebenfalls von einem zweiten Bereich gesprochen, der über dem ersten liegt, und in dem der Aspekt des Menschen weilt, den die Kabbalisten *Neschamah* oder höhere Seele nennen.

Ich folge zwar der westlichen esoterischen Überlieferung, möchte aber doch versuchen, die beiden wesentlichen Faktoren Fühlen und Denken, aus denen sich das Prinzip *Ruach* oder *Kama-Manas* im Menschen zusammensetzt, auseinander zu halten. Meine Darstellung des emotionalen oder astralen Aspekts geht davon aus, daß er zu den Aspekten gehört, in denen die *Kraft* überwiegt.

Die grundlegende Dualität

In allen Naturreichen treffen wir durchwegs auf eine bestimmte, grundlegende Dualität – eine Trennung in Bereiche der *Kraft* und Bereiche der *Form.* Jede Ebene setzt sich aus diesen beiden Aspekten zusammen, doch ihr jeweiliger Anteil ist von einer Ebene der Manifestation zur anderen verschieden.

Die physische Erde ist demgemäß eine Ebene der *Form,* die in Wirklichkeit als Erscheinung auf ineinandergreifende Kräfte zurückgeht. Ihr wichtigstes charakteristisches Merkmal ist die *Trägheit.* Zu dieser Ebene gehört die Stabilität: die physische Materie wird ihre Lage nicht verändern, es sei denn, eine Kraft wirkt von außen auf sie ein. Die ätherischen Ebenen des Physischen sind der Aspekt der *Kraft,* und die Materie, wie wir sie wahrnehmen, ist der Aspekt der *Form* dieser physischen Ebene.

Auf der emotionalen oder astralen Ebene verhält es sich umgekehrt. Die Substanz des astralen Lichts ist durch äußerste Beweglichkeit gekennzeichnet. Sie ist *fluidisch* und hat die proteische Fähigkeit, tausend flüchtige Gestalten anzunehmen, während sie von den unterschiedlichsten Einflüssen berührt wird. Diese Ebenen können wir uns am besten als einen Bereich lebendigen Lichts vorstellen, eines Lichts, das so plötzlich wie vorübergehend eine Form annehmen kann.

Symbole

In den astralen Bereichen sind zwei Hauptursachen am Werk, die Formen aufbauen oder hervorbringen. Die eine gestaltet in der feinen astralen Substanz ständig Formen, und dieser Einfluß gehorcht nur seinen eigenen, elementaren Gesetzen. Diese Formen sind dem astralen Licht sozusagen eingeboren und können von den gewöhnlichen hellsichtigen Menschen nicht wahrgenommen werden. Sie gehen nämlich weit über alle menschliche Erfahrung hinaus, und unser Verstand ist nicht in der Lage, sie zu fassen.

Diese Urformen können dem Wachbewußtsein nur durch eine besonnene Verwendung von *Symbolen* vermittelt werden. Aus diesem Grund erkannten es viele Seher für notwendig, zu Symbolen zu greifen, um wenigstens einen kleinen Teil der astralen Wahrnehmungen an das Bewußtsein weiterzugeben. Die Verwendung der Symbole setzt aber voraus, daß wir uns eingehend damit befaßt haben, wie sie zu verstehen und zu verwenden sind. Wer sich also dieser präzisen Schulung nicht unterzogen hat, kann normalerweise die Urformen im astralen Licht nicht wahrnehmen, außer mit Hilfe gewisser fest eingeführter Symbole, an denen Generationen von Menschen gearbeitet haben. Die Formen können dann durch die irdischen Schleier hindurch wahrgenommen werden.

Form, die aus mentaler Tätigkeit entsteht

Der zweite Prozeß, der auf den Ebenen des astralen Lichts Formen aufbaut, ist der des *Denkens.* Er kann bewußt wie auch unbewußt ablaufen. Die mentalen Ebenen sind *Form*-Ebenen und den *Kraft*-Ebenen des astralen Lichts entgegengesetzt. Die Form, die aus der mentalen Tätigkeit entsteht, gelangt in die astralen Bereiche und wird sofort mit der Kraft dieser Ebene aufgeladen. Im astralen Licht finden sich unzählige Bilder, die durch die Gedankentätigkeit aus der formbaren, fluidischen Substanz dieser Ebene aufgebaut wurden.

Manche dieser Formen und Bilder sind so vergänglich wie das Wellengekräusel, das eine leichte Brise auf die glatte Oberfläche eines Sees zaubert. Andere wiederum bleiben viel länger erhalten und bilden die überwiegend beständige Landschaft der Astralwelt, die *Himmel* und *Höllen, die grauen Welten,* die in der Literatur der Spiritisten so häufig beschrieben wurden. Und wer in ihnen lebt, sieht sie tatsächlich als eine Szenerie, einen Hintergrund, in dem sich mehr oder weniger Szenerie und Beschaffenheit der Erde selbst spiegeln.

Die Gedanken, die diese *Wohnungen,* diese zeitweiligen Ruheplätze des menschlichen Geistes in der Astralwelt schaffen, stammen aus der bewußten und unbewußten Denktätigkeit sowohl der inkarnierten wie der nicht inkarnierten Menschheit, dazu auch aus der mentalen Aktivität anderer, nicht menschlicher Lebensformen, die zusammen mit den Menschen diese Ebene einnehmen und sie stark beeinflussen. Das wird den meisten Menschen allerdings nie bewußt.

In diesem kleinen Buch kann ich nicht auf weitere Einzelheiten der astralen Ebene eingehen, will aber doch zeigen, daß das Denken die Kraft hat, Formen zu bilden, und daß diese Formen aus astraler Substanz über längere oder kürzere Zeit erhalten bleiben, weil die astral-mentale Aura, die uns alle umgibt, ein Feld ist, in dem die besagten Gesetze wirksam sind.

Das Denken baut in unserer astral-mentalen Aura Formen auf, und das kollektive Denken der gesamten Menschheit schafft Formen im astralen Licht, das wir mit seinem modernen Namen auch das kollektive Unbewußte nennen können.

Die zweite Aura

Dem hellsichtigen Auge erscheint die Aura als leuchtende, farbige Sphäre, die alles umgibt. Größe und Färbung der zweiten Aura hängen von der emotionalen und mentalen Entwicklung der jeweiligen Menschen ab. Die Färbung kann von dunkel und trüb wirkenden Braun- und

Grautönen über fahles Rot und verschmutztes Blau in die zarteren Abschattierungen übergehen und bis in feine, leuchtende Gelb-, Blau- und Violettöne reichen. Gelegentlich schimmern auch reine, goldene Lichter auf, aber doch sehr selten.

In dieser hellen Sphäre, die jeden Menschen umgibt, können dazu die verschiedensten *Formen* wahrgenommen werden, und genau hier kommt es bei Beschreibungen der Aura oft zu Mißverständnissen. In der Aura sind häufig menschliche Gestalten zu erblicken, die allerdings nicht unbedingt etwas mit dem gegenwärtigen Leben zu tun haben müssen. Es kann sich dabei einfach um Gedankenformen handeln, die sich bei flüchtigen Begegnungen mit Menschen gebildet haben, die aus irgendeinem Grund einen starken Eindruck bei den Personen hinterlassen haben, deren Aura betrachtet wird.

Unbewußte Erinnerungen

Es gibt noch feinere, zartere Formen, oft nur Erinnerungen, die aus dem Unbewußten aufsteigen, und manchmal beschreiben die Seher tatsächlich etwas, das die Betreffenden sofort erkennen. Sie sagen dann oft: «Telepathie kann es nicht sein, weil ich überhaupt nicht an die Sache gedacht habe.»

Andererseits kann es freilich doch Telepathie sein, weil diese Gedankenformen das Ende einer langen Kette von Assoziationen, von Erinnerungen sein können, die aus den Tiefen des Unbewußten heraufgerufen worden ist. Das gilt nicht für alle derartigen Formen, scheint aber doch für einen Großteil sogenannter Beweise zuzutreffen.

Gelegentlich stellt sich heraus, daß die Formen, die der Hellsichtige erblickt und beschreibt, nichts anderes als lebhafte Bilder sind, die aufgrund der Lektüre eines Buches, in dem solche Charaktere geschildert werden, im Geist eines Menschen entstehen. So sagte ein Hellseher einmal zu einer Frau: «Ich sehe eine seltsame Gestalt bei Ihnen. Haben Sie etwas mit dem Meer zu tun? Ich erblicke nämlich die Gestalt eines Mannes, der gut ein Seemann sein könnte und wahrscheinlich an einer Seeschlacht teilgenommen hat, denn wie ich sehe, hat er nur ein Bein. Er scheint von tropischer Vegetation umgeben zu sein, und ich habe das starke Gefühl, daß Gewalt und Blutvergießen mit im Spiel sind.»

Die Frau hörte sich die Beschreibung an, lächelte und antwortete: «Ja, ich erkenne die Gestalt – wissen Sie, ich habe eben die *Schatzinsel* von Robert Louis Stevenson gelesen.»

Selbst erfahrenen Hellsichtigen fällt es schwer, diese Gedankenbilder von den Formen zu unterscheiden, die aus anderen Quellen in die Aura eindringen. Nur lange Jahre der Übung verleihen eine gewisse Sicherheit der Unterscheidung, die aber nie ganz frei von Täuschungen ist.

Der zweite Bestandteil der emotional-mentalen Aura ist die leuchtende Erscheinung, die die Menschen umgibt. Bei manchen reicht sie nur einen halben bis einen Meter weit, während sie sich bei anderen viel weiter erstreckt. Wir wollen uns jetzt noch mit den Farben befassen, die die leuchtende Sphäre zeigt.

Geist und Materie kein Gegensatz

Ich muß hier bemerken, daß oft der Fehler gemacht wird, die zarteren Pastelltöne der Farben mit der spirituellen Seite unseres Wesens in Zusammenhang zu bringen, während die lebhafteren und kräftigeren Farben die irdische Seite spiegeln sollen. Diese Anschauung gibt Anlaß zu Mißverständnissen. Sie stimmt in gewisser Hinsicht, führt aber oft zu völlig falschen Vorstellungen über den Charakter des betreffenden Menschen. Zunächst einmal übernimmt diese Anschauung den Gedanken, Materielles und Spirituelles seien scharf voneinander getrennt. Diese irrige Auffassung geht auf einige Gnostiker des frühen Christentums zurück und ist durch die Jahrhunderte weitergegeben worden.

Die Anschauung, die der Wahrheit näher kommt und die viele von uns für richtig ansehen, faßt Geist und Materie als Ausdrucksformen einer höchsten Wirklichkeit auf. Sie sind sozusagen die beiden Pole der kosmischen Batterie, zwischen denen sich das Gewebe des Universums ausdehnt. In diesem Energiefeld lebt und bewegt sich alles Bewußtsein, alles Leben. Zwei Dinge symbolisieren das Ganze: die beiden Säulen vor dem Tempel Salomos und der schachbrettartige Boden aus schwarzen und weißen Platten zwischen ihnen. Das heißt, wir Menschen betreten auf unserer Pilgerfahrt nicht ausschließlich schwarze oder weiße Felder.

Bunte Mischung

Das spiegelt sich in unserer persönlichen Welt und offenbart sich in der Aura. Wir machen es uns zu einfach, wenn wir die Menschheit in Gute und Böse, in Helden und Schurken wie im Wildwestfilm aufteilen. Wir sind eine bunte Mischung, und in uns allen finden wir gute und schlechte Aspekte.

In unserem Wesen finden sich Aspekte des höheren Selbst, wie auch andere, die zu unserer niederen Seite gehören. Ein großer Teil unserer emotional-mentalen Verfassung läßt diese Mischung aus beiden Aspekten erkennen, und wir bauen das, was wir den bleibenden Hintergrund der Aura nennen könnten, in Übereinstimmung mit der Tätigkeit dieser Faktoren auf.

Die Grundfärbung zeigt uns gewöhnlich so, wie wir sind, und sie bleibt verhältnismäßig beständig, ändert sich nur langsam oder gar nicht, während wir durchs Leben gehen.

Es gibt jedoch auch Zeiten, in denen die elementaren Teile unseres Wesens plötzlich aktiv werden, und das wird in der Aura sichtbar, die dann feurige wie auch trübe Farbtöne aufweist. Genauso gibt es Zeiten, in denen die ethischen und spirituellen Aspekte in uns tätig werden, und diese Aktivität wird durch feinere Farbtöne angezeigt.

Diese beiden Zustände sind meistens nur von kurzer Dauer und lassen keine Schlüsse auf den Charakter der Menschen zu, in deren Aura sie sichtbar werden.

Die Bedeutung der Pastelltöne

Eine Aura, in der alle Farben in feinen Pastelltönen auftreten, zeigt oft genug eine Persönlichkeit an, der es an konkreter Willenskraft oder emotionalem Antrieb mangelt. Diese Menschen werden von ihren Freunden für höchst *spirituelle* Wesen gehalten, aber diese Spiritualität kann eigentlich nur negativ gesehen werden. Ich glaube, bei Milton steht irgendwo: «Ich möchte keine klösterliche Tugend preisen, die nie Versuchungen sich gegenübersah.»

Die Aura zeigt so häufig an, daß ihr Träger alles andere als *hochentwickelt* ist, daß er eigentlich in einigen wichtigen Bereichen noch gar keine Entwicklung durchlaufen hat, und daß bestimmte Teile seines Wesens so gut wie völlig unterdrückt sind.

Aus diesem Grund ist es schwierig, das wahre Niveau eines Charakters richtig zu erfassen, wenn wir bloß die Aura deuten. Sollten wir allerdings durch Übung die Fähigkeit erlangt haben, die *bleibende Aura* zu beobachten, vor allem dann, wenn sich der Betreffende in einer schwierigen Lage befindet, können wir durchaus den wahren Charakter einer Person erkennen.

Unterdrückung ist nicht Kontrolle

Ich habe die folgende Geschichte schon in einem anderen meiner Bücher erzählt. Sie darf wiederholt werden, weil sie einen Fehler deutlich werden läßt, den die Menschen gerne machen, welche der Meinung sind, die Unterdrückung der physischen Anzeichen einer Emotion bedeute schon, man habe die Kontrolle über das Gefühl erreicht.

Der Leiter eines Institutes, das eine okkulte Ausbildung anbot (solche Einrichtungen gibt es tatsächlich), hatte seine eigenen Methoden. Alle Schülerinnen und Schüler verfügten über einen kleinen Garten, für den sie allein verantwortlich waren. Diese Gärten waren vom Speisesaal aus einzusehen, und manchmal geschah es, daß ein Schüler beim Essen aus dem Fenster blickte und sah, wie eins der Tiere, die im Institut gehalten wurden, sein kleines Stück Land verwüstete.

Von den Schülerinnen und Schülern wurde erwartet, daß sie der rücksichtslosen Zerstörung, welcher immerhin die Arbeit vieler Stunden zum Opfer fiel, völlig ungerührt zuschauten. (Der Leiter hatte selbst dafür gesorgt, daß das Tier in den jeweiligen Garten gelangen konnte.)

Die Frau, die mir davon berichtete und selbst zu den Schülern gehört hatte, meinte, sie habe ohne weiteres zuschauen können, wie ihre gärtnerischen Bemühungen zunichte gemacht wurden, weil sie, wie sie sagte, mit einem Pokergesicht gesegnet sei. Unter der ruhigen und friedlichen Oberfläche kochte sie allerdings vor Empörung und malte sich alle möglichen Strafen aus, die dem Verbrechen angemessen waren.

Es ist wesentlich besser, solche Emotionen herauszulassen, als sie mit Gewalt zu unterdrücken. Natürlich ist es noch besser, wir lernen die *inneren* Reaktionen zu kontrollieren, nicht bloß ihre äußeren, körperlichen Auswirkungen. Das Unterdrücken läßt die Gedanken durch den Kopf schwirren, und das wird in der Aura sichtbar.

Die Projektionen der Gedankenformen

In der emotional-mentalen Aura finden sich übrigens viele Formen, die sich der Geist geschaffen hat, doch die meisten bleiben verschwommen und undeutlich. Die emotional-mentale Aura hat wie die ätherische Aura eine äußere Begrenzung, die eine Art Schutzhaut darstellt, auch wenn die Strahlung der Aura sie durchdringen und beträchtliche Entfernungen überbrücken kann.

Mit Hilfe dieser Ausstrahlungen findet das statt, was wir Telepathie nennen, aber die meisten Gedankenformen, die in der Aura entstehen, sind nicht mit genügend Energie aufgeladen, um außerhalb der Aura ihres Schöpfers vor einer Auflösung gefeit zu sein. Sie fliegen wie Funken vom Amboß des Schmieds, wenn er den Hammer auf das weißglühende Eisen niedersausen läßt, aber kaum haben sich diese Gedankenformen ein wenig entfernt, verlöschen sie auch schon.

Wenn die Projektion der Gedankenformen über die Aura hinaus gelingen soll, sind zwei Dinge notwendig: Klarheit der Form und kräftige *Aufladung*.

Es dauert seine Zeit, bis der Aufbau geistiger Formen wirklich gelingt. Wenn wir nicht zu den Menschen gehören, denen gewisse Fähigkeiten in dieser Richtung angeboren sind, müssen wir uns regelmäßig üben. Wenn die Bedingungen erfüllt sind und Formen geschaffen werden können, müssen wir sehen, wie sie mit Energie geladen werden können, um in die Ferne projiziert zu werden.

Die Aufladung geschieht, indem wir über dem Gedanken *brüten,* und darunter verstehe ich, daß wir uns mit gleichbleibend starkem Gefühl auf ihn konzentrieren. Hier liegt auch der Grund, warum so viele Experimente mit Gedankenübertragung zu keinem Ergebnis führen. Die Form des Gedankens ist vielleicht klar gesehen und aufgebaut worden, aber da keine emotionale Kraft in ihn einfloß, fehlte die Stärke, ihn auszusenden. Wenn wir über längere Zeit Versuche mit den Zener-Karten anstellen, nehmen Interesse und Begeisterung (die eigentlich ein *Gefühl* ist) ab, und die parapsychischen Fähigkeiten kommen nicht mehr zum Tragen. Das muß nicht immer so sein; es gibt Hinweise, daß der Geist des Empfängers gelegentlich Verbindung mit dem des Senders aufnimmt und in ihm das Bild oder Symbol liest, das der Sender übermitteln möchte.

Dissoziierte Komplexe

Die Gedankenformen, die sich aufgrund von Hemmung und Unterdrückung in der Aura ansammeln, beeinflussen den individuellen Charakter beträchtlich. Noch stärker wirken auf ihn die emotional geladenen Gruppierungen von Gedanken ein, die die Psychologen dissoziierte oder abgespaltene Komplexe nennen. Diese Gedanken sind aus dem normalen Umlauf im Bewußtsein gedrängt und dadurch so gut wie unabhängig geworden.

Da die stark emotional geladenen dissoziierten Komplexe in Konflikt mit der normalen Geistestätigkeit geraten, bleibt die meiste Energie der Persönlichkeit in dieser Auseinandersetzung gebunden und kann nicht genutzt werden. So entstehen die unterschiedlichsten Schwierigkeiten, die wiederum Symptome des unter der Oberfläche liegenden Kampfes sind. Es ist außerordentlich wichtig, Verbindung mit diesen quasi unabhängigen Komplexen aufzunehmen, die das Einströmen der Energie verlangsamen.

Die zeitgenössischen Psychologen haben dafür eine nützliche Methode entwickelt, das sogenannte Assoziationsexperiment. Dem Patienten werden bestimmte Worte gesagt, und er wird gebeten, das erste Wort auszusprechen, das ihm nach der Nennung des Reizwortes in den Sinn kommt. Die Zeitspanne, die zwischen Reizwort und der Antwort liegt, die aus den inneren Tiefen aufsteigt, kann sehr stark variieren.

Bei einigen Reizwörtern spricht der Patient fast unverzüglich die Antwort aus, während es ihm bei anderen oft völlig unmöglich ist, eine Reaktion zu zeigen, oder sehr viel Zeit verstreicht, bis schließlich eine Antwort kommt. Die Reaktionszeit wird gewöhnlich mit der Stoppuhr gemessen.

Selbstschutz

Diese Methode hat sich als hilfreich erwiesen, wenn sich auch gezeigt hat, daß es im Unbewußten so etwas wie einen Selbstschutz gibt, der Ersatzantworten erfindet, die ein weiteres Eindringen in die Tiefe verhindern sollen. Diese Ersatzantworten sind manchmal so enthüllend wie die eigentliche Antwort, können jedoch auch völlig in die Irre führen.

Die Antwort wird als Anfang einer spontanen Assoziationskette genommen und führt in der sogenannten freien Assoziation dazu, daß der Patient seine Gedanken schweifen lassen kann. Er wird gebeten, zuzulassen, daß das Reizwort ganze Gedankenketten auslöst. Wenn verschiedene Reizwörter eingesetzt werden, kann es zu mehreren Assoziationsketten kommen, die oft genug auf eine zentrale Vorstellung hinweisen.

In diesem Bereich läßt sich auch eine Verbindung mit dem quasi unabhängigen Komplex herstellen, und wenn das gelungen ist, schießen die unterdrückten oder verdrängten Gedanken und Erinnerungen zusammen mit der mächtigen Ladung an Energie, die sie gebunden hielten, ins Bewußtsein hinauf. Nach einer Periode der Neuanpassung beginnt der Geist des Patienten wieder normal zu arbeiten.

Eine sanfte Enthüllung

Wenn der dissoziierte Komplex jedoch mit Hilfe parapsychologischer Hellsicht in der emotional-mentalen Aura des Patienten gesehen werden kann, besteht die Möglichkeit, ihn dem Patienten *sanft* zu enthüllen. So wird der quälende Ansturm emotionaler Energie vermieden, der so häufig auftritt, wenn die Verbindung mit dem Komplex hergestellt ist. Die sogenannte Reedukation, die Neuerziehung, durch die die *Ursache* der Dissoziation in der Persönlichkeit aus dem Weg geräumt werden kann, vermag dann viel rascher als sonst voranzuschreiten.

Ein weiterer Vorteil der Methode besteht darin, daß sie es uns ermöglicht, dort wo das Unbewußte des Patienten Erinnerungen und Situationen offenbar erfunden hat, hinter die Schutzmauern vorzudringen und direkt in den schöpferischen Bereich des Geistes zu blicken. Dann können uns die Phantasien nicht mehr täuschen, die sich der kranke Geist schafft.

Vor einigen Jahren lernte ich ein Medium kennen, eine Frau, die entdeckte, daß sie die Fähigkeit besaß, die Gedankenformen in der Aura von Patienten zu sehen, die sich psychoanalytisch behandeln ließen. Sie war, wie sie sagte, in der Lage, sofort zur Neuerziehung des Geistes überzugehen, ohne erst den zeitraubenden und oft quälenden Prozeß durchlaufen zu müssen, der sich häufig an die Assoziationsexperimente anschließt.

Die Frau arbeitete damals in einer (im medizinischen Sinn) recht orthodoxen Klinik in London und war eine der ersten Psychoanalytikerinnen, die nicht die klassische Ausbildung durchlaufen hatten, und so ist ihre Beobachtung von großem Wert.

Bedeutungen der Farben

Ich möchte keine festen Regeln dazu aufstellen, was die Farben *bedeuten,* die in der Aura zu sehen sind. Die herkömmlichen Bedeutungen können wir in verschiedenen Büchern finden. Aus eigener Erfahrung weiß ich, daß fast alle, die ihre Hellsicht entwickeln, ihre unterschiedlichen Ansichten haben, was die Farben bedeuten, und jeder einzelne hat mit seinem System auch recht.

Schwierig wird es nur, wenn der Versuch gemacht wird, ein System durchzusetzen, das für alle gelten soll. Das ist zwar möglich, und gewisse okkulte Schulen haben sich tatsächlich darum bemüht, aber es erfordert viel Arbeit. Solange jeder Hellsichtige der Ansicht ist, daß seine Deutung der Farben, die er erblickt, richtig ist, kann er ein anderes Medium ruhig sein eigenes System anwenden lassen.

Reinheit der Farben

In einem Punkt sind sich alle Hellseher einig: ausschlaggebend ist für sie die *Reinheit* der Farben, und ich spreche nicht von den fahlen Pastelltönen, die gewöhnlich auf eine unterdrückte oder mangelnde Lebenskraft schließen lassen.

Eine Farbe kann sowohl kräftig wie auch klar sein. Wichtig ist, daß ihr keine anderen Farben beigemengt sind. Die Bilder und Gedanken, die aus den Erfahrungen auf der Erde entstehen, sind alle in gewissem Umfang verunreinigt, einige mehr, andere weniger. Und die Bilder und Gedanken, die einen Einfluß aus den Bereichen des höheren Selbst, des höheren Geistes erkennen lassen, sind meistens von einem sternklaren Leuchten erhellt, dem nichts auf dieser materiellen Ebene gleicht.

Die Art, wie die Farben von irdischen Tönen überschattet oder vom Sternenlicht der Sphären des wahren Selbst, des Geistes durchstrahlt sind, zeigt dem Hellsichtigen, wie der Charakter der beobachteten Menschen beschaffen ist. Allerdings kann der wahre Charakter aus der Aura nur erschlossen werden, wenn sie in einer Zeit beobachtet wird, in der die jeweiligen Menschen Schicksalsprüfungen und Versuchungen ausgesetzt sind.

Ein wunderbarer Anblick

Die wahre spirituelle Aura zeigt sich als leuchtende Fülle, die die ätherische und die emotional-mentale Aura durchdringt und weiterströmt. Wenn jemand auf dem spirituellen Weg vorangekommen ist, bietet seine Aura einen der schönsten Anblicke für die Seher. Andererseits kann ein Hellsichtiger im allgemeinen nur das sehen, wofür er selbst empfänglich ist, und aus diesem Grund bleiben auch die höheren Aspekte des «Gewandes aus vielen Farben», wie das ein Autor kürzlich nannte, für den durchschnittlichen Hellseher unsichtbar.

Es gibt viel Faszinierendes in der astral-mentalen Aura und ihren Formen und Kräften zu beobachten, worüber ich im Rahmen dieses Buches nicht sprechen kann. Ich hoffe aber, ein Interesse geweckt zu haben und mit meinen Angaben denen zu helfen, die sich auf den Versuch einlassen wollen, in dieser Richtung weiterzuforschen.

Die Entwicklung der aurischen Sicht

Es gibt verschiedene Möglichkeiten, die aurische Sicht zu entwickeln. Wir können zum Beispiel mit dem *Kilnerschirm* arbeiten, auf den ich in einem anderen Buch schon hingewiesen habe. Er trägt den Namen seines Erfinders, Dr. W. J. Kilner. Der Schirm besteht aus Doppelgläsern, die mit einer Farbstofflösung gefüllt sind, gewöhnlich Dicyanin und Karmin, beides Teerfarben. Wenn wir eine Weile durch die farbige Flüssigkeit zwischen den Gläsern auf eine Lichtquelle blicken, wird der Mechanismus des Auges ein wenig verändert, und er beginnt für die ätherischen Ausstrahlungen des Körpers empfindlich zu werden. Die genauen Einzelheiten des richtigen Vorgehens sind von den Herstellern dieser Aurabrille veröffentlicht worden. (Soviel ich weiß, wird sie nur von *The Society of Metaphysicians, Archers Court, Hastings, Sussex,* in England hergestellt, und Anfragen sind dorthin zu richten.)

Deutung der Aura mit dem Tastsinn

Wenn wir die Brille nicht besitzen, müssen wir es mit anderen Methoden versuchen. Die Aura läßt sich merkwürdigerweise auch mit dem *Tastsinn* erfassen und deuten. Diese Methode erfordert große Behutsamkeit, da es vor allem in der ersten Zeit gar nicht leicht ist, klar zu erfassen, was uns wirklich begegnet. Wenn wir die Aura über den Tastsinn wahrnehmen wollen, gehen wir wie folgt vor.

Zunächst bitten wir einen verständnisvollen Freund, uns zu helfen. Er setzt sich entweder auf einen Stuhl mit gerader Lehne oder legt sich auf eine Couch. Dann lassen wir die Hand langsam über seinen Körper nach unten wandern, halten dabei einen Abstand von etwa fünf bis acht Zentimetern ein. Das ist sehr wichtig. *Wir berühren nie den physischen Körper des Menschen, den wir untersuchen. Das ist nicht nötig und würde sogar verhindern, daß wir etwas von seiner Aura «spüren».* Ich habe die letzten Sätze hervorgehoben, da sich einige Leute aus nicht ganz reinen Motiven, die nur wenig mit der Erforschung der Aura zu tun hatten, über diese Anweisung hinweggesetzt haben.

Wenn wir nun die Hände ganz langsam nach unten bewegen, sind wir mit unserer Aufmerksamkeit in den Fingerspitzen und versuchen zu spüren, welche unterschiedlichen Empfindungen in ihnen ausgelöst werden, sobald wir sie etwa zwanzig Zentimeter weit vom Körper entfernen und sie dann wieder bis auf ein paar Zentimeter annähern.

Zunächst werden wir bei einer Reihe von Versuchen wohl kaum etwas wahrnehmen, aber das kann daran liegen, daß wir uns noch nie so auf die Fingerspitzen konzentriert haben. Es kann sein, daß die feinen Empfindungen dort von anderen Gefühlen überlagert werden.

Schließlich wird es dazu kommen, daß wir *etwas* wahrnehmen, das warm oder kalt zu sein scheint oder auch vibriert. Es wird sich in einer bestimmten Entfernung vom physischen Körper befinden. Wenn wir es wahrgenommen haben, können wir versuchen, herauszufinden, bis in welche Entfernung vom Körper sich dieses *Etwas* erstreckt, und dann können wir weiterforschen, welche Form dieses *Kraftfeld* hat.

Skizzen

Wir können die Ausbildung unserer Fähigkeiten unterstützen, indem wir einige Skizzen vom menschlichen Körper anfertigen, Vorder-, Rück- und Seitenansichten. Wir können uns einige Kopien machen. In die Zeichnungen können wir die Veränderungen eintragen, die wir in der Aura entdecken.

Als erstes beobachten wir natürlich die ätherische Aura. Später möchten wir sicher versuchen, auch die astral-mentale Aura wahrzunehmen, die ein gutes Stück über den Körper hinausreicht, so um die dreißig Zentimeter.

Das silberne Abbild

Wenn wir anfangen, die Aura wahrzunehmen oder zu *spüren,* kann es geschehen, daß sich in uns Bilder formen, die wie ein silbernes Abbild des Körpers aussehen. Das Abbild wird dieselben Veränderungen zeigen, die wir in der Aura spüren. Wir werden die Aura subjektiv erblicken. Diese Entwicklung ist gar nicht selten. Andererseits gibt es viele, die überhaupt nie etwas *sehen,* die aber doch die Aura deutlich wahrnehmen, dazu ihre Veränderungen, ihre Beschaffenheit.

Wir lassen uns also nicht entmutigen, wenn sich die subjektive Schau bei uns nicht einstellt. Die nicht visuelle, intuitive Wahrnehmung kann um einiges genauer sein, wenn wir gelernt haben, ihr zu trauen. Stellen wir uns vor, wir würden um Mitternacht eine schwarze Katze unten in einem Kohlebergwerk sehen; damit läßt sich in etwa diese

Art der Wahrnehmung vergleichen. Das mag lächerlich klingen, aber aus eigener Erfahrung mit dieser Wahrnehmung weiß ich, daß man die schwarze Katze wirklich *sehen* kann. Und wir können sogar mehr über sie in Erfahrung bringen, als wenn wir sie mit den Augen gesehen hätten.

Intuitive Wahrnehmung der Gedankenformen

Bei den anderen Bildern, die in unserem Geist sichtbar werden oder intuitiv wahrzunehmen sind, handelt es sich gewöhnlich um die Gedankenformen, die sich in der Aura finden. Wir können in der Hauptsache zwei Arten unterscheiden.

Eine Gruppe besteht aus jenen Gedankenformen, die aus der mentalen und emotionalen Tätigkeit des Menschen selbst entstehen, und die andere setzt sich aus den Formen zusammen, die von außen kommen, von den verschiedensten Leuten geschaffen worden sind.

Es gibt mehrere Gründe für die Tatsache, daß wir in der Aura diese zweite Gruppe von Formen antreffen. Manchmal sind sie von anderen in den Betreffenden projiziert worden, weil sie klar und intensiv an ihn dachten und dabei starke Emotionen freisetzten. Sie verleihen den Formen die bewegende Kraft, die diese Bilder über die Grenzen der Aura hinausträgt und in den anderen Menschen *projiziert*. Sie erreichen dessen Aura mit genügend Kraft, um in ihr haften zu bleiben.

Diese Projektion kann völlig unbewußt ablaufen. Dem einen Menschen, der so intensiv an einen anderen denkt, würde es nicht im Traum einfallen, daß er eine Form aussendet. Es gibt freilich andere, die über einige Erfahrung auf diesem Gebiet verfügen und genau wissen, was sie tun.

Wer die richtigen Unterweisungen empfangen hat, wird sich nicht auf solche parapsychischen Übergriffe einlassen. Denn dieses Eindringen in die Aura anderer Menschen ist ein Eingriff in ein *Besitzrecht*, eine *Einschränkung der Grenze seines Nächsten*, und sowohl bei den Freimaurern als auch in der Bibel wird dieses Vorgehen als falsch und strafbar angesehen (vgl. 5. Mose 27, 17).

Wenn die Aura mit einer dünnen, schwachen *Haut* überzogen ist, läßt sie leicht alle Gedankenformen in sich ein, die auf sie treffen, und ihre Träger haben für Hellsichtige eine Aura, die durchaus als *infiziert* bezeichnet werden kann!

Die Menschen mit einer schwach entwickelten aurischen Haut laufen sozusagen wie Fliegenfänger herum, an ihnen bleiben viele Formen hängen, die nicht immer zu den besten gehören. Es sind solche Menschen, die Lebenskraft verlieren und die sogenannte kreisförmige Wunden entwickeln.

Körperliches und emotional-mentales Gleichgewicht

Wenn wir unsere Fähigkeit der Wahrnehmung entwickeln, wird uns gleichzeitig bewußt, welche Maßnahmen ergriffen werden müssen, um einen Menschen das volle körperliche und emotional-mentale Gleichgewicht wiederfinden zu lassen. Dieser Hinweis ist mir wichtig, weil sich die Wahrnehmung der Aura oft besonders gut entwickelt, wenn wir das Gefühl haben, anderen Menschen mit der aurischen Sicht helfen zu können.

Der Mensch wird gern ein *Herdentier* genannt, was einfach heißen soll, daß wir uns unserer Natur entsprechend gern zu Gruppen zusammenschließen. Innerhalb dieses Zusammenschlusses finden viele Menschen heraus, daß ihre Lebensfreude zunimmt, wenn sie anderen helfen können. Dieser Grundtrieb wird, obwohl oft von egoistischem Verhalten verdeckt, bei jedem Menschen irgendwann sichtbar.

Wenn der Wunsch zu helfen auftaucht und in die Wirklichkeit umgesetzt wird, haben die meisten von uns das Gefühl, über sich selbst hinausgegangen, freier geworden zu sein. Selbst wenn uns die Vorstellung des selbstlosen Dienens eher fremd ist, werden wir im Verlauf unserer Entwicklung immer stärker geneigt sein, unsere Fähigkeiten zum Wohl der anderen wie zu unserem eigenen einzusetzen.

Die Aura direkt sehen

Die Fähigkeit, die Aura wahrzunehmen, kann auch mit Hilfe der direkten Sicht entwickelt werden. Allerdings kann es zu Schwierigkeiten kommen, wenn wir den betreffenden Menschen so starr anblicken, daß die Augen ermüden und ihre Blickrichtung ändern, wodurch sich das Bild, das auf die Netzhaut fällt, verschiebt. Bei dieser Verschiebung entsteht gewöhnlich ein gelber oder goldener Lichtschein, der den beobachteten Menschen umgibt. Diese Lichterscheinung wird oft für die Aura gehalten, ist jedoch nur die Folge der Ermüdung der Augen.

Wenn wir also versuchen wollen, die Aura direkt zu sehen, dürfen wir die betreffenden Menschen nicht unverrückt anstarren. Die besten Ergebnisse erreichen wir, wenn sich die zu beobachtenden Menschen vor einen dunklen Hintergrund stellen, am besten bei reinem Nordlicht.

Am Anfang dieser Entwicklung ist am leichtesten die ätherische Aura zu sehen, und da sich ihre feine Ausstrahlung kaum mehr als fünf Zentimeter über den Körper hinaus erstreckt, ist es am besten, wenn der betreffende Mensch enganliegende Kleidung trägt. Viele meinen, die besten Ergebnisse stellen sich ein, wenn die Kleidung nur aus Hemd und Hose oder auch einfach Badehose besteht.

Wir müssen hier natürlich mit Verstand vorgehen. Ein verheirateter Mann, der darauf besteht, eine Frau nur zu beobachten, wenn sie einen Tanga trägt, könnte in Schwierigkeiten kommen. Vielleicht wirke ich hier etwas prüde, was die Frage der sparsamen Kleidung angeht, aber meine fünfzigjährige Erfahrung hat mir gezeigt, daß wir uns lieber nicht unnötig ablenken lassen sollten, wenn wir uns in einer so schwierigen Sache üben wollen!

Die Augen neu einstellen

Die Versuchsperson steht jetzt vor dem dunklen Hintergrund, und der Beobachter sitzt und blickt ruhig und ohne Anstrengung auf sie, wobei er *das Bild ein wenig unscharf* werden läßt. Das erreichen wir, indem wir die Augen auf einen Punkt einstellen, der etwa zwanzig Zentimeter hinter der Versuchsperson liegt. Dadurch sehen wir die Gestalt nur noch verschwommen, wobei ihr Umriß deutlich genug erkennbar bleibt.

Es kann vielleicht einige Zeit dauern, bis wir diesen kleinen Trick der Scharfeinstellung der Augen beherrschen, aber wenn wir uns *ruhig* und wiederholt bemühen, werden wir ihn schließlich meistern. Ich habe *ruhig* hervorgehoben, weil diese Versuche frei von jeder körperlichen Anstrengung sein müssen.

Die Fähigkeit, die wir *entwickeln* wollen, ist im Unbewußten schon angelegt, und wir sollten statt Entwicklung besser Entfaltung sagen. Jede bewußte Anstrengung verhindert nur das Sichtbarwerden der Fähigkeit.

Die Entfaltung der Fähigkeit

Es hilft uns, wenn wir uns vor Beginn der Sitzung still niederlassen und uns so gut wie möglich entspannen. Wir sagen uns, wieder ohne jede bewußte Anstrengung, daß wir es der Fähigkeit der übersinnlichen Wahrnehmung jetzt ermöglichen wollen, sich zu entfalten. Diese Worte richten sich natürlich auch an unser Unbewußtes.

Wir können die Worte wählen, wie es uns gefällt, solange sie den Inhalt auf positive Weise vermitteln. Eine Formulierung wie «ich möchte versuchen, meine Wahrnehmung zu entfalten» wäre nicht positiv genug.

Dann lassen wir zu, daß sich unsere Fähigkeit entfaltet. Wie weit sie sich in einer Sitzung entfaltet, ist schwer festzustellen. Wir können auf jeden Fall sicher sein, daß es jedesmal tatsächlich zu einer Entfaltung kommt, wenn wir bereit sind, sie zuzulassen.

Ein leuchtender grauer Nebel

Wenn wir die Technik der Einstellung der Augen und das positive Denken beherrschen, können wir anfangen, darauf zu achten, was wir in der Umgebung der Versuchsperson wahrnehmen. Gewöhnlich bemerken wir zunächst so etwas wie einen leuchtenden grauen Nebel, der den Körper einzuhüllen scheint. An diesem Punkt sollten wir uns noch einmal vergewissern, ob unser Blick nicht aus Versehen starr geworden ist.

Wenn das nicht der Fall ist und wir wirklich den leuchtenden Nebel um die Versuchsperson erkennen, richten wir unser Augenmerk auf die Eigentümlichkeiten der Aura. Sie kann zum Beispiel über einer bestimmten Körperpartie eine Ausbuchtung zeigen, an einer anderen Stelle fast die Oberfläche des Körpers berühren. Wenn die Beobachtung abgeschlossen ist, können wir die einzelnen Punkte in unsere Zeichungen des menschlichen Körpers eintragen.

Wenn wir die Aura sehen und dann sofort Eintragungen machen wollen, fallen wir leicht aus dem Zustand, in dem sie für uns wahrnehmbar ist. Wir können freilich auch ein Band- oder Kassettengerät laufen lassen. Wenn wir die verschiedenen Abschnitte unserer Umrißzeichnung numeriert haben, genügt es, zum Beispiel nur leise festzuhalten: «Über Bereich sieben eine große Ausbuchtung.»

Wenn wir bei einer Sitzung zum erstenmal wirklich etwas wahrnehmen, werden wir vielleicht so aufgeregt, daß wir aus dem bestimmten Geisteszustand herausgerissen werden und die Aura zunächst nicht mehr sehen können. Mit einiger Übung werden wir jedoch lernen, auf störende Gefühle nicht einzugehen, damit der geistige Spiegel, in dem wir das erblicken, was aus dem Unbewußten aufsteigt, nicht dunkel wird.

Die Versuchsperson soll später die Stellung verändern und uns für einige Zeit auch die Seite zukehren. Sie kann auch die Hände in die Hüften stemmen, damit wir die etwas dichtere Aura sehen können, die sich in den Zwischenräumen von Armen und Körper zeigt.

Das Experiment mit den Fingern

Wenn unsere Versuchsperson eine Pause macht, können wir einige Versuche mit uns selbst durchführen. Dazu halten wir unsere Hände so, daß sich die Fingerspitzen beinahe berühren, und bewegen sie vor dem dunklen Hintergrund langsam auseinander. Wenn sich unsere Wahrnehmung schon ein wenig entfaltet hat, erblicken wir graue Lichtstreifen, die von den Fingerspitzen der

einen Hand zu denen der anderen laufen. Wir prüfen, ob
es sich vielleicht um eine optische Täuschung handelt, und
lassen eine Hand ein Stück sinken. Wir erkennen dann,
daß die Finger immer noch durch die Strahlen verbunden
sind, die jetzt allerdings schräg laufen.

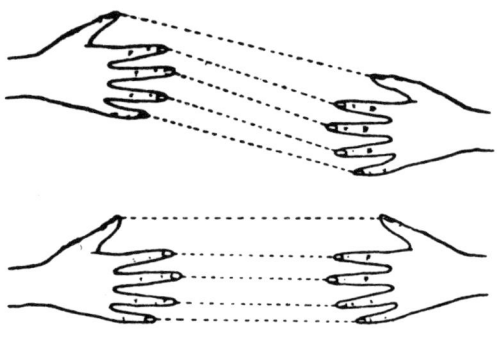

Strahlen zwischen den Fingern

Später versuchen wir, das graue Licht von einem bestimmten Finger aus zu projizieren, und beobachten, was geschieht. Wir können auch untersuchen, ob die Strahlen
zwischen unserer Hand und der der Versuchsperson auftreten. Wir versuchen es erst mit den beiden Rechten,
dann mit den Linken, dann mit rechter und linker Hand,
und beobachten die Unterschiede. Dabei werden wir vielleicht auf interessante Polarisationseffekte aufmerksam,
die uns zu weiteren Experimenten führen.

Die Aura der Pflanzen
Wenn wir begonnen haben, die Aura wahrzunehmen,
können wir versuchen, andere interessante Arten der

Aura, die nicht von Menschen ausgehen, zu beobachten. Wir wählen die übliche Beleuchtung und betrachten die Aura von Pflanzen, und wenn es die Verhältnisse draußen zulassen, die der Bäume. Später dehnen wir die Beobachtungen auch auf die Strahlen aus, die von den verschiedenen Mineralien ausgehen.

All diese Experimente sind von größtem Interesse, und wenn wir die Beobachtungen sorgfältig festhalten und mit unserer Fähigkeit gut umgehen können, entdecken wir möglicherweise Aspekte der Aura, die bis jetzt noch nicht beschrieben worden sind. Hier gibt es noch viel zu erforschen, da die Menschen, welche die Kraft der aurischen Wahrnehmung einsetzen, meistens nur in einem Bereich arbeiten, je nachdem, ob sie einer religiösen oder magischen Gruppe angehören, ob sie mit einer Forschungsgruppe vorgehen oder für sich allein.

Über Hellsicht und Psychometrie läßt sich kurz sagen, daß beide nichts als verschiedene Manifestationen der einen Fähigkeit zur parapsychischen Wahrnehmung sind. Die Kräfte der Hellsicht und der Psychometrie sind lediglich zwei spezielle Seiten des einen parapsychologischen Sinnes. In der praktischen Arbeit stellen wir häufig fest, daß der eine Aspekt in den anderen übergeht. Das macht gewöhnlich kaum etwas, es sei denn, jemand beschränkt sich strikt auf ein Gebiet.

Geduld ist wichtig

Schließlich möchte ich noch etwas zum Faktor Zeit sagen. Niemand kann uns sagen, wie lange es dauert, bis sich die Fähigkeit bei uns entfaltet. Das hängt von einer Menge Umständen ab. Bei einem meiner Freunde dauerte es sieben Jahre, bis die Übungen, die zur Entfaltung führen, endlich Ergebnisse brachten. Das war ein extremer Fall, aber wir müssen bereit sein, einiges an Geduld aufzubringen, es sei denn, unsere Wahrnehmungsfähigkeit liegt dicht unterhalb des Bewußtseins.

Wir dürfen nicht vergessen, daß eine *wahre* Entwicklung zu einem ausgeglichenen Charakter führen sollte. Es ist weitaus besser, sich mit fünf Sinnen und einem gesunden Menschenverstand zu begnügen, als einen sechsten Sinn erworben zu haben, der uns im persönlichen wie gesellschaftlichen Leben unausgewogen und unzuverlässig macht. Wenn wir diese wie auch andere parapsychologische Fähigkeiten entwickeln wollen, empfiehlt es sich, unseren jetzigen Charakter genau in Augenschein zu nehmen und zu klären, ob wir zu dieser parapsychischen Entwicklung bereit sind.

Feindliche Kritik

Da wir selbst gewöhnlich am wenigsten geeignet sind, unserer Charakter zu beurteilen, ist es am besten, wir bitten die, welche uns eingermaßen kennen, um ihre Meinung. Das heißt nicht, daß wir uns nur an diejenigen wenden und sie um Kritik bitten, mit denen wir gut auskommen.

Wir können eine Menge von den Menschen lernen, die uns nicht mögen und auch keine Angst haben, es uns ins Gesicht zu sagen. Sie täuschen sich vielleicht in einigen ihrer Urteile, da sie nicht alle Einzelheiten unseres Lebens kennen, die uns zu dem gemacht haben, was wir sind. Trotzdem kann ihre Kritik für uns wertvoller sein als die liebenswürdigen Beurteilungen von Freunden. Es ist auf jeden Fall von Vorteil für die geistige und moralische Schulung, feindliche Kritik aufzunehmen, ohne emotional oder widerwillig zu reagieren. Wir müssen uns daran erinnern, daß hier ja der unfertige Tempel unserer Persönlichkeit kritisiert wird. Jeder Fehler, den wir jetzt bei seinem Bau machen, kann das gesamte Gebäude gefährden, wenn es später stärker beansprucht wird.

Es ist also klug, die Kritik zu beachten, die auf Fehler und Schwächen hinweist. Wenn wir dann einen kühlen Blick auf die angeblichen Fehler und Schwächen werfen, kann es gut sein, daß einige übertrieben dargestellt worden sind, daß sie andererseits aber durchaus als Charakterzüge gesehen werden müssen, um die wir uns kümmern sollten, bevor wir den Versuch machen, unseren Tempel ein Stück weiterzubauen.

Bescheidenheit schützt uns

Es gibt noch eine weitere Möglichkeit, auf Abwege zu geraten. Wenn sich die Fähigkeit endlich entfaltet hat, bildet sich bei uns leicht eine übertriebene Vorstellung der eigenen Wichtigkeit aus. Wir meinen dann schon, wir seien das Orakel persönlich. Die Versuchung liegt nahe, und unkluge Freunde drängen uns rasch in diese Richtung, sich aufs Podest zu setzen und die Orakel der Götter zu verkünden.

Da die parapsychologische Wahrnehmung natürlichen Schwankungen unterworfen ist, kommt es früher oder später dazu, daß wir die Erwartungen nicht mehr erfüllen können. Wenn wir dann ehrlich sind und zugeben, daß wir zur Zeit nicht in der Lage sind, den Ansprüchen zu genügen, werden wir überrascht erleben, wie schnell man uns vom Orakelsitz stößt, wie rasch sich unsere Anhänger einen anderen suchen, den sie hinaufheben können.

Es empfiehlt sich also, mit unseren Behauptungen immer maßvoll zu bleiben. Wer ein ehrliches Interesse zeigt, wird es uns nicht zum Vorwurf machen, daß wir das Gewünschte manchmal nicht geben können. Wenn wir keine hochtrabenden Behauptungen über uns und unsere Gabe aufstellen, wird man auch nicht kritisch über uns herfallen.

Die kommerzielle Verwertung parapsychischer Fähigkeiten

Die Okkulten Schulen prägen unter anderem aus diesem Grund ihren Jüngern häufig ein, keine finanziellen Vorteile aus den parapsychischen Fähigkeiten zu ziehen, die sich bei ihnen entfalten. Die kommerzielle Verwertung bringt manche Versuchung mit sich, vor allem die Neigung, zu Schwindeleien zu greifen, wenn die Fähigkeit gerade einen Urlaub macht. Manche Leute behaupten, die *positiven* Seher hätten keine Flauten, und blicken hochmütig auf die herab, die ein Nachlassen der Fähigkeiten zugeben.

Viele Jahre praktischer Erfahrung haben mir allerdings gezeigt, daß diese Unterscheidung nicht aufrechtzuerhalten ist. Der *positive* Seher ist diesen Dingen vielleicht weniger ausgesetzt als sein *negativer* Bruder, aber ich bin mir sicher, daß auch für ihn der Himmel manchmal nicht offen ist, und daß ihn seine parapsychischen Fähigkeiten mehr oder weniger im Stich lassen.

Wenn wir nicht darauf angewiesen sind, mit den parapsychischen Fähigkeiten Geld zu verdienen, bleiben wir auch vom Ärger verschont, der damit verbunden sein kann. Außerdem können wir frei unsere Meinung aussprechen, ohne befürchten zu müssen, daß die Menschen unruhig werden, von deren Wohlwollen unsere Finanzen abhängen.

Religiöse Organisationen

Die Schirmherrschaft über die parapsychischen Fähigkeiten lag bis jetzt hauptsächlich bei den organisierten Religionen, die sie sich zunutze machten, um gewisse Dogmen zu beweisen. Das war nicht immer hilfreich, da die Religion zu den Aspekten des Lebens gehört, in denen vor allem die Gefühle angesprochen werden, und das Fühlen kann hier leicht über die Tatsachen hinweggehen.

Im Bereich des Parapsychischen herrschen eigene Gesetze, und nicht alles, was wir in ihm wahrnehmen, paßt zu den Dogmen und Darstellungen der religiösen Organisationen. Das mag daran liegen, daß die parapsychischen Beobachtungen falsch sind, daß die Dogmen und Lehrmeinungen erweitert oder neu gefaßt werden müßten, oder daß beide Gründe zusammenspielen. Auf jeden Fall kann der Para-Forscher, dessen Erkenntnisse nicht mit der betreffenden organisierten Religion im Einklang sind, mit einigem Ärger rechnen. Aus diesem Grund bin ich der Ansicht, daß das Gebiet auf neutrale Weise erforscht werden sollte, das heißt, daß es nicht dazu herangezogen werden kann, die Behauptungen der Religionen zu stützen.

Wenn wir den Versuch unternehmen, die Entwicklung unter den Schutz einer religiösen Organisation zu stellen, kommen wir mit Fragen der Ethik und Moral in Berührung, und nur hier ermöglicht es uns die Religion, die Para-Forschung in Kanäle zu lenken, mit deren Hilfe Gott und den Menschen besser gedient werden kann.

Register